盖世三谋

狂言师◎著

海南出版社
·海口·

图书在版编目（CIP）数据

盖世三谋 / 狂言师著 . -- 海口 : 海南出版社 ,
2024. 12. -- ISBN 978-7-5730-2247-9

Ⅰ . F715-49

中国国家版本馆 CIP 数据核字第 2024A1K216 号

盖世三谋

GAI SHI SAN MOU

作　　者　狂言师

出 版 人　路姜波
策划编辑　吕玉萍
责任编辑　徐雁晖　项　楠
封面设计　李东杰
印刷装订　三河市嵩川印刷有限公司
出版发行　海南出版社
地　　址　海口市金盘开发区建设三横路 2 号
邮　　编　570216
电　　话　0898-66822026
经　　销　全国新华书店
开　　本　710mm × 1000mm 1/16
字　　数　110 千字
印　　张　12
版　　次　2024 年 12 月第 1 版　　2024 年 12 月第 1 次印刷
书　　号　ISBN 978-7-5730-2247-9
定　　价　59.00 元

PREFACE

前言

在波澜壮阔的商业世界中，机遇与挑战并存，成功与失败交织，而善谋者往往能定乾坤。谋略，是他们在风起云涌中稳健航行的指南针，是他们洞察先机的锐利目光，更是他们运筹帷幄、决胜千里的法宝。

善谋者深知，商机不是等来的，而是要靠敏锐的嗅觉和果敢的行动去捕捉。他们能在市场的细微变化中嗅出潜在的商机，能在他人犹豫不决时迅速出手，抢占先机。他们的每一次决策都经过深思熟虑，每一次行动都有明确的目标和计划。

他们深知事业的成功需要长期的坚持和努力，需要不断学习和进步。他们善于制定目标，懂得如何调动团队的积极性和创造力，能够在逆境中保持冷静和坚定，带领团队走向成功。

谋人脉，是善谋者在商业世界中不可或缺的一项能力。他们知道如何建立和维护良好的人际关系。他们善于倾听他人的需求和意见，能够给予他人帮助和支持，也能在需要时得到他人的帮助和支持。他们的人脉如同一张巨大的网，连接着各种资源和信息，为他们的商业活动提供了强大的支持。

善谋者不仅是商业世界的智者，更是时代的弄潮儿。他们用自己的谋略和智慧，在商海中乘风破浪，书写着属于自己的传奇。他们用自己的行动和成就，激励着无数后来者不断追求卓越、勇攀高峰。在波澜壮阔的商业世界中，善谋者永远是最耀眼的那颗星。

本书深入剖析了商业成功的三大核心要素——商机、事业与人脉，为读者提供了一套完整的战略思维和行动指南。

其中，商机是商业成功的起点，它如同隐藏在迷雾中的宝藏，等待着有识之士去发掘。本书首先详细阐述了商机的识别与把握方法，教读者在市场变化的蛛丝马迹中捕捉商机，将风险转化为机遇。同时，书中还通过大量的中外经典案例，向读者们展示如何通过分析市场需求、行业趋势和政策导向，制定出精准的商业策略，从而抢占市场先机。

事业是商业成功的基石，它承载着创业者的梦想与追求。在谋事业这一部分，本书从创业规划、团队建设、运营管理等多个方面，为创业者提供了一套系统的解决方案。书中强调了战略规划的重要性，指导读者如何根据自身优势和市场需求，制订出切实可行的创业计划。同时，还详细探讨了如何构建高效的团队、如何提升企业的核心竞争力，以及如何应对市场变化等关键问题。

人脉是商业成功的助推器，它不仅仅是社交关系的积累，更是一种资源的整合和利用，能够为创业者提供宝贵的资源和支持。在谋人脉这一部分，本书深入剖析了人脉的重要性及其构建方法。通过搭建广泛的人脉网络，创业者可以获取更多的信息、资源和机会，从而加速事业的发展。同时，书中还介绍了如何维护和发展人脉关系，以及如何借助人脉力量实现事业的跨越式发展。

《盖世三谋》不仅是一部商业宝典，更是一部智慧之书。它汇聚了众多成功企业家的经验和智慧，为那些渴望在商业领域取得成就的读者提供了宝贵的启示和指导。无论是初入商海的新手，还是已经在商海中摸爬滚打多年的老将，都能从本书中获得深刻的启示和实用的方法。让我们一起跟随《盖世三谋》的指引，在商海中乘风破浪，开创属于自己的辉煌事业！

CONTENTS

目录

上篇 谋商机

中篇 谋事业

上篇

谋商机

在瞬息万变的商业环境中，谋商机成为每个企业家和投资者关注的焦点。它不仅是对市场趋势的敏锐洞察，更是对资源、人才和时机的精准把握。谋商机意味着在机遇与挑战并存的市场中，找到那一线生机，并将其转化为实际的商业价值和利润。这需要我们具备深厚的行业知识、敏锐的洞察力以及果断的决策能力。只有如此，我们才能在激烈的竞争中脱颖而出，实现事业的跨越式发展。

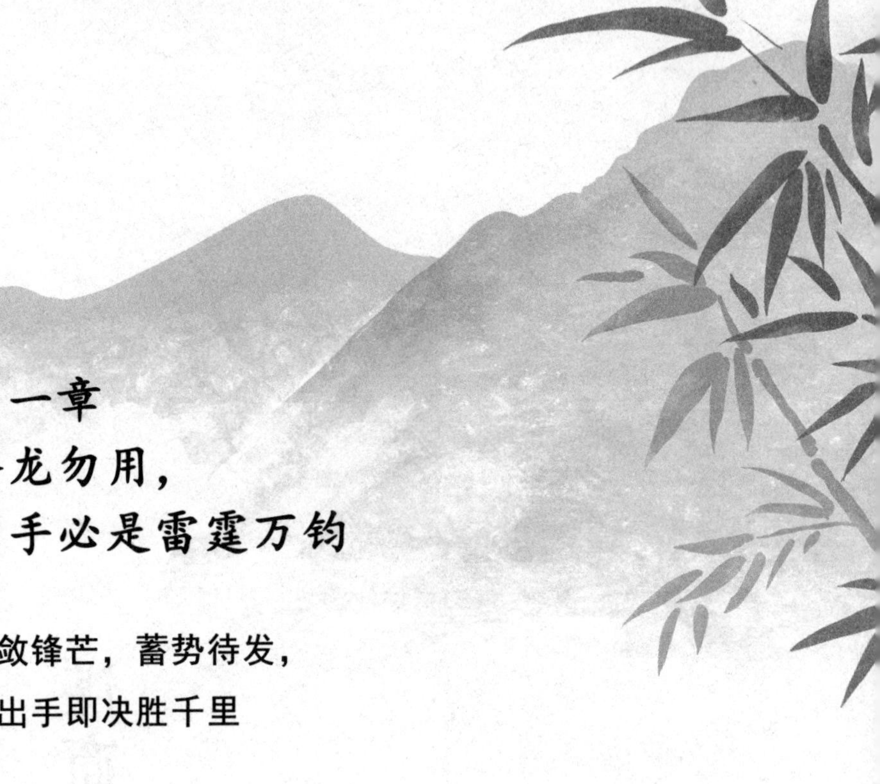

第一章 潜龙勿用，出手必是雷霆万钧

收敛锋芒，蓄势待发，一出手即决胜千里

唐代书法家徐浩在谈论书法精要时，曾有言：“用笔之势，特须藏锋，锋若不藏，字则有病。”这种隐藏于笔画之中的书法技艺，与现今讲的“收敛锋芒”是一致的，即逆锋起笔，回锋收笔，藏头护尾。起笔处藏锋，则为行笔蓄势；结笔时藏锋，表现的是一种谦虚谨慎的态度。好的字迹需要深藏其锋，而在为人处世方面，更要懂得适时藏锋。

若一个人处处显露其锋芒，难免陷入“枪打出头鸟”的境地。凡成大事者，皆懂得将自身的锋芒深藏于心，保持沉静内敛的态度，低调处世。他们可以在无人问津的时刻，仍独自努力，并悄然生长，静待时机。

阿飞是一个很有闯劲的年轻人。毕业后，他凭借着自己的努力和才华，在职场上步步高升，频频传来好消息，亲朋好友对他赞不绝口。

然而，就在所有人都以为他将在职场上继续大放异彩的时候，阿飞觉得十分疲惫和迷茫。在一次家庭聚餐中，原本阳光开朗的阿飞变得愁眉不展，仿佛背负着如山一般沉重的压力。在众人的询问下，他只是轻描淡写地提到工作压力大，但仍不免让人担忧。

饭后，阿飞的哥哥悄悄地将他拉进书房，想要了解他内心的真实想法。他深深地叹了口气，向哥哥诉说了自己的困惑和无奈。原来，他凭借着自己的才干和初生牛犊不怕虎的劲头，在工作中事事冲锋在前，兢兢业业，业绩斐然，深得上司的赏识。但是，最近他才意识到，自己在单位里没有真正的朋友，同事们对他的态度也越来越冷漠，甚至开始孤立他。这让他感到非常困惑和不安，不明白为什么会出现这样的情况。

听着他的诉说，年长的哥哥不由得想起了自己初入职场时的经历，也曾经像阿飞一样充满热情和干劲，但同样也因为不懂得收敛锋芒而遭遇了类似的困境。哥哥拍拍他的肩膀，告诉他，他的积极进取和努力实干的精神是值得赞赏的，但他也需要明白，身在职场，他并不是一个独立的个体，而是整个团队的一部分。他的出色成绩和才华固然重要，但过度的张扬和抢功也会让同事们感到不满和嫉妒。

哥哥还告诉他，职场就像一个大舞台，每个人都在扮演着不同的角色。有时候，每个人需要像王冕一样聪明能干、勤奋上进，但也要学会在适当的时候收敛自己的锋芒，给别人留下展现自己的机会。只有这样，才能与同事们建立良好的关系，共同创造一个和谐的工作氛围。

哥哥的话让阿飞陷入了沉思。他默默地思考了一会儿后，抬起头来说："我以前确实太过张扬了，没有考虑到同事们的感受。我会好好琢磨你的话的。"

两个月后，当家人再次见到阿飞时，他已经恢复了往日的朝气和活力。他已经学会了收敛锋芒，不再事事争先、抢功；在工作中，他开始主动与同事们沟通、合作和分享自己的经验与资源；他把注意力放在关注团队的整体利益和发展方向，而不再仅仅关注个人的得失和利益。这些“收敛锋芒”的改变，不仅维护了良好的职场氛围，还在团队中得到更多的尊重和认可，让他在职场上如鱼得水、游刃有余。

收敛锋芒指的是在某些场合或时刻，要注意自己的言行举止，以便更好地被别人接纳，是一种内敛的处世智慧。它不是性格懦弱，也不是无能的表现，而是一种对自我能力的深刻认识和对周围环境的敏锐感知。民间有句谚语：“低头的是稻穗，昂头的是稗子。”成熟饱满的稻穗承载着满满的果实，内心充实而满足，会因为籽粒饱满而自然下垂，展示了谷穗的成熟和谦逊。低调的人，懂得收敛自己的锋芒，不轻易炫耀自己的成就，因为他们明白，真正的价值不在于外在的炫耀，而在于内心的积淀。

同时，收敛锋芒也是为了等待好时机，蓄势待发。就像鹰一样——它在站立时仿佛陷入了沉睡，一旦时机成熟，它就会以迅雷不及掩耳之势出击，准确地抓住猎物。低调的人，懂得在平凡中积累力量，等待那个能够让自己一飞冲天的机会。楚庄王的一鸣惊人，就是这个道理，“虽无飞，飞必冲天；虽无鸣，鸣必惊人。”

小李在职场中不显山、不露水，在公司几乎没有任何存在感。然而，他并未因此感到失落或气馁，反而将这段时光视作磨砺和积累的契机。

小李心里清楚，职场如战场，过于张扬和急躁只会暴露自己的弱点。因此，他选择了收敛锋芒，静静地观察和学习。他像一块海绵，默默吸收着周围的一切，无论是同事的工作方法，还是项目的运作流程，他都一一记在心中。

随着时间的推移，小李逐渐崭露头角。领导惊奇地发现，他的工作效率高得出奇，无论是面对复杂的任务还是棘手的问题，他都能迅速找出解决方案。更难能可贵的是，他总能在关键时刻提出创新的想法，为整个团队带来意想不到的收获。

然而，小李并未因此骄傲自满。他明白，想要获得成功并非一日之功，而是需要长期的努力和积累。因此，他依然保持着谦逊和低调，不断地向周边的同事学习。

有一次，单位接到了一个重要项目，所有人都渴望能在这个舞台上展示自己的才华。然而，小李选择了一条与众不同的道路。他没有争抢任务，而是主动找到项目负责人，表示自己愿意承担一些基础且烦琐的工作。

这个选择让很多人感到不解，甚至有人嘲笑他没有追求。但小李却不为所动，他明白自己的目标和方向，知道只有踏实做好每一件事，才能积累足够的经验和能力，为未来的挑战做好准备。

在项目进行的过程中，小李默默地发挥着自己的作用。他不仅保质保量地完成了自己的任务，还在项目中主动帮助其他人解决问题。他的付出和贡献逐渐得到了大家的认可和尊重。

当项目进入关键阶段时，大家都被一个难题困住了，无法找到一个最佳解决方案，所有人急得茶不思、饭不想。小李凭借着自己对项目的深入理解和丰富的经验，提出了一系列创新的想法和解决方案。这些想法不仅解决了项目中遇到的难题，还大大提高了整个项目的效率和质量。

最终，这个项目成功完成，小李也因此成为单位的“功臣”。

小李的成功并非偶然，而是他长期以来收敛锋芒、伺机而动的结果。他用自己的行动证明了，只有保持谦逊和低调，不断学习和积累，才能在关键时刻展现出自己真正的实力和价值。

职场中，从不缺少表现自我的机会。在一个出其不意的时刻展示你的才能，才让大家对你刮目相看。过于张扬自己的个性和成绩，往往会招致他人的疏远和嫉妒。相反，如果我们能够更好地融入集体，就会更容易获得他人的理解和支持，借助他人的力量，赢得更多的机会和信任，展现出自己的价值。

谋略智慧

在职场中，我们应该保持一颗谦虚的心。谦虚并不意味着我们缺乏做事的能力，而是我们懂得尊重他人，愿意倾听和学习。这种态度会让我们更容易获得他人的认可和帮助，形成良好的人际关系。

同时，也要避免让自己的才华和成绩成为他人嫉妒的源头。我们应该明白，真正的成功不是靠炫耀和张扬得来的，而是靠踏实努力和不断学习积累而来的。因此，我们应该保持低调，默默耕耘，在实际行动中证明自己的真正价值。

静若处子，动若脱兔，守好自己的底牌

所谓“静若处子”，其实就是在面对复杂环境的时候，不被外界动摇，保持内敛沉稳，细心观察、深入思考，以平和心态处理事务，同时守住自己的底牌，保持战略优势。而“动若脱兔”则要求其展现出敏捷果断，一旦识别出机遇或挑战，迅速行动，高效完成任务。这就需要敏锐的洞察力和判断力，以及快速学习和适应的能力。

在职场和商场中，我们应结合“静若处子”的沉稳与“动若脱兔”的敏捷，既深思熟虑又果断行动。同时，守住底牌，确保在关键时刻保持优势，实现成功。

查理是一位职业拳击运动员，以迅如闪电的拳法和敏捷的反应著称。他的快拳技巧使得他能在搏击场上游刃有余，屡次在比赛中斩获荣誉。

然而，在一次与强劲对手山姆的对决中，查理遭遇了前所未有的挑战。山姆的力量型拳击风格给查理带来了极大的压力，他的重拳威力无比，只要稍有疏忽，就会陷入被动挨打的困境。尽管查理竭尽全力躲避，但最终还是未能幸免，被山姆的一记重拳击倒在地，输掉了比赛。

这次的失败让查理深受打击，但他并未气馁。他开始反思，并试图通过模仿山姆的力量型拳击来提升自己的战斗力。他投入了大量的时间和精力进行力量训练，希望以此来弥补自己力量上的不足。

不久之后，查理与山姆再次相遇在搏击场上。然而，比赛的结果出人意料。虽然查理的力量有所增强，但他的快拳优势因此受到了影响。山姆轻易地挡住了他的进攻，利用查理力量不足的弱点，连续发动猛烈的攻击。查理在场上疲于躲闪，最终再次败北。

两次失败并没有让查理气馁，他意识到，自己真正的优势在于快拳，而非模仿山姆的力量型拳击。于是，他重新调整了自己的训练计划，专注于提升快拳的速度和技巧。他刻苦训练，不断挑战自己的极限，终于在第三次与山姆的对决中展现出了惊人的实力。

在比赛中，查理以迅雷不及掩耳的快拳让山姆措手不及。他灵活地躲避着山姆的重拳，同时发动迅猛的反击。山姆在查理的快拳攻势下节节败退，最终无力回天。查理凭借着自己的优势赢得了比赛，也赢得了观众的喝彩和尊重。

无论是在商场还是职场中，当我们站在一个分岔路口，面临着选择时，首先就要审视自身的长处与优势。然而，当个体的目标转变为超越竞争对手时，一种常见的倾向是忽视自身的独特性，而陷入对手的思维模式，试图通过复制或模仿对方的强项来达成目标。然而，这种“复制”的策略往往事与愿违，与预期效果相差甚远。

每个人都是独一无二的，我们的天赋、经验和视角构成了我们与众不同的竞争力。当我们放弃自己的独特之处，去追逐别人的影子，实际上是在削弱自己的力量。因此，在与他人竞争时，我们应该更加清晰地认识自己的优势，并找到将这些优势转化为胜利的策略。

司马懿，作为三国时期魏国的杰出军事家，以其深沉的智谋与诸葛亮成为旗鼓相当的对手。每当诸葛亮挥师北伐，气势如虹，震动四方之际，魏国总是派出司马懿前来抵御。

司马懿的策略既简单又高效，核心就是“坚守不战”。真正精妙的策略并不在于出奇制胜，而在于简单直接，精准有效，直击对手的要害。蜀国的优势在于诸葛亮的智谋和麾下训练有素的军队，若与之正面交锋，魏国往往难以取胜。

而魏国则凭借国土辽阔、资源丰富以及本土作战的优势，人员物资补充极为便利。这些正是蜀国所缺乏的，蜀国地处偏远，资源有限，长途跋涉征战，道路崎岖，补给困难，因此他们更倾向于速战速决，通过决战消灭敌人有生力量。

司马懿的“坚守不战”策略，巧妙避开了蜀国的优势，坚守住了魏国自身的优势，更将蜀军拖入了魏国擅长的持久战中。

如果蜀军强行攻城，必将消耗大量兵力和资源，陷入消耗战，而这正是诸葛亮不愿见到的，因为蜀国资源有限，消耗不起。若蜀军不选择攻城，只能依靠智谋引诱魏军出击，以期正面交锋，但司马懿始终不为所动，坚守阵地。最终，由于长时间征战导致粮草短缺、士兵疲惫，锐气大减，诸葛亮不得不无功而返。

在商场和职场中，守住自己的底牌是取得长期成功的关键。底牌是我们在竞争中所拥有的独特资源、核心竞争力或关键信息，是我们区别于竞争对手的独特之处。守住底牌意味着在关键时刻能够保持冷静、审慎地运用这些优势，从而取得竞争优势。

我们需要清楚地认识到自己在专业领域、市场洞察、人脉关系等方面的独特优势，这些构成了我们的底牌。只有我们对自己的底牌有清晰的认识，才能在职场中更好地运用它们。

在商场和职场中，信息往往是一种重要的资源。我们需要谨慎地管理自己的信息，避免过早暴露底牌，以免给竞争对手留下可乘之机。

同时，保持低调也有助于我们更好地观察市场动态和竞争对手的动向，从而做出更为准确的决策。

谋略智慧

底牌就像是手里的独门秘籍，里面有我们的专业本事、资源和看市场的独到眼光。要想保住这秘籍，首先意识到它的优势在何处，然后在关键时刻用它来大显身手。记住，别太张扬，别让对手轻易摸清我们的底细，这样他们就没那么容易找到我们的弱点。

遇事不慌，静观其变，沉着应对

心理学大师弗兰克尔对情绪有特殊的敏感度，他强调："尽管我们无法预知生命中即将发生何事，但我们完全有能力掌控自己的情绪和行为，以应对这些未知的挑战。"

在现实生活中，计划往往会被突如其来的变故打乱。面对这样的情境，有些人可能会感到惊慌失措，甚至让事态进一步恶化。然而，真正谋局者却能在慌乱的时刻保持冷静，不慌不忙地应对各种变故。这些冷静的谋局者懂得，遇事不慌是解决问题的第一步。只有保持冷静，才能清晰地分析局势，找到最合适的应对方法。

林洛，一位资深杂志编辑，曾见证过他所在的杂志社于20世纪八九十年代纸媒的辉煌时期，订阅量逐年攀升，成为行业翘楚。然而，时代的变迁如风云变幻莫测，纸媒突然受到了前所未有的冲击。

在一次紧急会议上，老主编沉重地宣布，杂志最新季度的订阅量急剧下滑，形势岌岌可危。若不能迅速找到解决办法，杂志社恐将难逃倒闭的命运。

会议室内的气氛瞬间变得紧张而压抑，同事们纷纷面露焦虑之色。

有人叹息读者的流失，有人焦急地商讨对策，甚至有人猜测是竞争对手的恶意打压。当大家焦头烂额地叹气时，林洛却展现出了异于常人的冷静。

他深知，在这个关键时刻，慌乱和抱怨都无济于事。他迅速行动起来，首先通过电话咨询了其他杂志社，了解整个行业的现状。接着，他设计了一份详尽的市场调查问卷，通过数据分析，林洛敏锐地捕捉到了一个重要的趋势：随着互联网技术的飞速发展，越来越多的读者开始倾向于在线阅读，纸质杂志的订阅量因此受到了严重冲击。

面对这一严峻的现实，林洛迅速找到了老主编，提出了一个大胆而创新的方案——开设杂志网站。他建议杂志社充分利用网络资源，将杂志内容转移到线上平台，提供丰富的在线阅读和投稿服务，让普通读者也能在杂志网站上发表自己的文章。

这个方案一经提出，便得到了老主编的全力支持。经过团队的共同努力，杂志社的网站很快便成功上线。令人惊喜的是，网站一经推出便吸引了大量读者前来浏览和投稿。网站点击量不断上升，原本亏损的局面得到了迅速扭转，杂志社的知名度也随之提高。

林洛凭借他的冷静、果断和创新思维，成功挽救了杂志社的危局。他的出色表现赢得了老主编的赏识和尊重，几年后，他顺利升至主编的位置。

面对这些困难时，保持沉着和冷静至关重要。正如曾国藩所言：“处变不惊、从容应对，为处事第一法。”我们应该学会静观其变，然后沉着应对。只有这样，我们才能及时脱困，让一切回归正轨。

在战国时代，诸侯争霸，秦国如日中天，其君王秦昭襄王听闻赵国拥有一块举世无双的宝玉——和氏璧，便心生贪念，意图据为己有。为此，他派遣使者至赵国，提出以 15 座城池作为交换。然而，赵国上下对此事议论纷纷，担忧秦国强大，一旦交出和氏璧，秦王可能反悔，但若拒绝，又恐秦国借机发难。

在这紧要关头，有人向赵王推荐了蔺相如，称他智勇双全，定能化解此危机。赵王闻讯，立即召见蔺相如，向其说明了当前局势。

蔺相如深思熟虑后，向赵王表示，秦国提出交换，赵国若拒绝，则显得无理；若答应，则需确保秦王不会反悔。他提出，自己愿出使秦国，以智取胜，确保和氏璧安全回归。赵王见其信心满满，便应允了他的请求。

蔺相如抵达秦国后，面对秦王，他沉着冷静，不卑不亢。他献上和氏璧，秦王一见之下，果然爱不释手，赞叹不已。然而，秦王在欣赏宝玉之余，却迟迟不提交换之事。蔺相如静观其变，见秦王并无诚意，便心生一计。他故意指出和氏璧有瑕疵，请求为秦王指点。秦王不疑有他，便将宝玉递给了蔺相如。

蔺相如接过宝玉后，突然向后退去，靠在柱子上，愤怒地说："秦王若真心交换，赵王必会献上宝玉。但如今我看秦王并无诚意，若大王再逼我，我便与这和氏璧一同撞死于这根柱子之上！"秦王见状大惊失色，连忙道歉，并承诺交换城池。

然而，蔺相如心知秦王只是敷衍了事，便故意要求秦王斋戒 5 日，举行盛大仪式才肯交出和氏璧。秦王无奈答应。蔺相如趁机让随从换上便服，将和氏璧藏好，抄小路返回赵国。

5 日后，当秦王准备接受和氏璧时，蔺相如却告诉他已将宝玉送回赵国。秦王愤怒不已，欲处罚蔺相如。但蔺相如却镇定地说："我虽欺骗了大王，但也是为了赵国的利益。若大王真心交换，赵王必会献上宝玉。"秦王见事已至此，只得作罢。

蔺相如在面对秦国的强势和贪婪时，展现出了非凡的冷静和机智。他深知赵国的安危与和氏璧的归属紧密相连，因此，在面对秦王的威胁和诱惑时，他并未惊慌失措，而是沉着应对，巧妙地利用秦王的贪婪心理，一步步地赢得了主动。

最终，蔺相如凭借智慧和勇气，不仅让和氏璧得以安全返回赵国，更捍卫了赵国的尊严和利益，使赵国在诸侯国中赢得了更高的声誉。蔺相如的沉着应对和智勇双全，成为赵国历史上的一段佳话，也为后人树立了光辉的榜样。

在商海与职场中，谋局者其实是置身于一场没有硝烟的战争中。要在这场战争中立于不败之地，我们必须拥有敏锐的洞察力，能够洞察人心，悟透人性。而情绪化的人，往往容易失去理智，被外界因素左右，导致判断失误，影响工作和生活，给自己带来不必要的困扰和压力。

相比之下，那些遇事沉着冷静的人，他们能够在纷繁复杂的环境中保持清醒的头脑，准确地判断形势，把握机遇。即使面对困难和挑战，也能迅速找到解决问题的方法，逆风翻盘，展现出非凡的智慧和勇气。

因此，我们要学会控制自己的情绪，保持冷静和理智。只有这样，我们才能在职场和生活中更加从容不迫，把握住每一个机遇，实现自己的人生价值。

谋略智慧

职场如战场，人际纷扰在所难免。想要应对挑战，保持冷静至关重要。策略有三条：第一，调整心态，以平和视角分析问题，避免情绪化决策；第二，专注工作，减少外界干扰，提高效率，树立良好形象；第三，与时间赛跑，不与人争高低，专注于自我成长与发展。

因时而动，见机行事，顺应时势

《素书》有云：“若时至而行，则能极人臣之位；得机而动，则能成绝代之功；如其不遇，没身而已。”主要意思是当时机还未到之时，应当懂得潜伏、默守正道，等待真正的时机来临。如果时机到来了，就有可能位极人臣；如果根据时机而有所行动，就能够建立丰功伟绩。这句话深刻揭示了因时而动、见机行事的重要性，对于个人价值和事业成功具有极大的参考价值。

在商海中，商机如同潮水般涌动，难以捉摸。成功的商人如敏锐的航海者，时刻洞察市场变化，一旦捕捉到商机，便迅速决策，果断行动。他们深知，只有在正确的时间做出正确的选择，才能在商海中乘风破浪，抵达成功的彼岸。

同样，职场中的机遇也至关重要。一个合适的岗位、一个能够施展才华的平台、一个能够助力事业发展的贵人，都是职场人成功的关键。当机遇来临时，职场人必须像猎豹般迅速反应，全力以赴地抓住它们。他们明白，只有勇敢迎接挑战，才能在职业生涯中取得更大的成就，实现个人价值的最大化。

需要注意的是，时机总是短暂的，稍纵即逝。明智的人懂得在没有机会时创造机会，出现机会时果断行动，看到机会时巧妙借势，从而事半功倍。相反，愚蠢的人则往往错失良机，让成功从眼前溜走。

两个青年生活在偏远的山村，以前这里的人都靠开山采石为生。一个青年选择老办法，把石头砸成石子卖给建房的人；而另一个青年却不一样，他发现有些石头形状特别，就运到杭州卖给喜欢养花鸟的人。他觉得，这些特别的石头比普通的石子值钱多了。

过了 3 年，卖怪石的青年成了村里第一个盖起新房子的人。再后来，当地政策调整，不能开山取石，只能种树。那座小山村就变成了果园，满山的鸭梨成了新的致富方式。当大家都盼望着鸭梨能卖好价钱的时候，那位卖过怪石的青年又看到了新的机会。他发现，虽然梨子好吃，但装梨子的筐子才是供不应求的。于是，他卖了自己的果树，改种柳树做果筐。就这样，5 年后，他成了村里第一个在城里买房子的人。

他的成功不是偶然的，因为他总是能看清变化，并做出正确的选择。他能根据市场的需要，改变自己的策略，抓住每一个机会。再后来，村里通了铁路，连接了北京和九龙。山村变得更加开放，大家开始不仅卖梨，还开始做梨的加工品和开拓市场。当其他人忙着集资办厂时，那位青年又有新主意了。他在地头建了一面大墙，上面写着“某某可乐”4 个大字。这面墙面向铁路，背后是美丽的柳树和万亩梨园。每次火车经过，人们都能看到这个广告。因为这面墙，他每年能多赚 3 万元。

通过这个事例，我们不难发现，无论政策如何变动，市场如何变化，新的机遇如何涌现，我们都必须保持开放的心态，积极接受这些变化，并灵活地调整自己的策略以顺应这些变化。只有这样，我们才能在不断变化的环境中立足，把握每一个机遇，最终实现自己的梦想。

无论在职场还是商海，都需要顺应时代的潮流，把握每一个有利于自己的时机。而要做到这一点，善于观察则显得尤为重要。善于观察的人，他们善于倾听他人的意见和建议，从中获取有价值的信息。他们用心去感受社会的氛围和情绪，以便更好地理解市场的需求和变化。这种倾听和感受，让他们能够更加准确地把握时机，做出更加明智的决策。

晋文公即位之初，便立即着手整顿国内，致力于操练民众。经过一年的准备，晋文公觉得时机已成熟，想要将民众的力量用于国家的扩张。然而，子犯提醒他："晋国历经多年战乱，人民尚不知'义'为何物，生活也未能安定下来。"

晋文公深思熟虑后，决定先从外交着手，加强与其他国家的联系。他亲自护送周襄王回国复位，这一举措不仅稳固了晋国在诸侯国之中的地位，也赢得了民心。在晋国内部，他积极推行各项政策，改善民众的生活条件，使得人民开始专心生产，逐渐安定下来。

然而，当晋文公再次提议用兵征讨时，子犯又提出了审慎的见解："民众虽已渐趋安定，但他们尚未深刻领会'信'的重要性，我们也未曾广泛宣扬'信'的价值。"

为了树立诚信的典范，晋文公决定出征原国，并在出征之前向民众郑重承诺，若3日之内未能攻克原国，则立即撤军回国。3日之后，晋文公果然恪守承诺，率军退兵30里，这一举动在国内引起了强烈的反响，使得民众深刻感受到了晋文公的重信守诺。

守信行动在晋国产生了深远影响，晋国的商业界率先响应，商人们开始重视信誉，摒弃了追求暴利的做法，改为明码标价，公平交易，童叟无欺。这种风气逐渐渗透到了社会的各个层面，形成了全国上下普遍重视信誉的良好氛围。

目睹了这些积极变化，晋文公信心满满地向子犯询问："如今是否已足够完备？"然而，子犯仍然保持谨慎，他摇头答道："民众虽已具备了信与义，但他们对贵贱尊卑之礼尚缺乏足够的认识，恭敬之心亦有所欠缺。"

为了进一步完善社会风尚，晋文公决定通过盛大的阅兵来彰显礼仪的庄重与威严。同时，他设立了执法官来严格管理官员，确保礼仪制度的严格执行。这样一来，民众开始习惯于遵守命令，对上级充满恭敬，对国家的疑虑之心也逐渐消散。

直到这时，子犯才认为时机已至，于是晋文公下令军队出征，最终在城濮之战中迫使楚国撤兵谷邑，一战之后便确立了晋国的霸主地位。

谋略智慧

因时而动，见机行事，顺应形势，并不是盲目地跟随潮流，而是要在观察的基础上，找到适合自己的道路。只有当我们真正了解了时代的脉搏，把握了市场的动向，我们才能做出正确的选择，抓住每一个有利于自己的时机。

第二章 先人一步，抢占市场先机

比别人快一步，做第一个吃螃蟹的人

日本的一位商业名人曾倡导这样的理念：“一定要致力于他人未曾涉足的领域。”这种策略的出发点是什么呢？源于该领域面临较少的竞争压力，甚至可能没有任何的竞争对手，抢先涉足，从而拥有更广阔的成长空间和更高的成功概率。

不仅如此，瑞典也有商家成立了一家名为“补全空缺”的企业。它的核心业务是生产并销售市场上供不应求的商品，简而言之，就是专营“独家商品”。而在德国，有一家别出心裁的“特殊需求商店”，它提供的商品在市场中很难找到替代品，满足着特殊需求的客户。比如，为有特殊尺寸需求的客户设计手套、服装或是专门为特定身形的客户设计睡衣等，做的就是“特色市场”的生意。

1989 年，随着改革开放的浪潮，张杰决定离开稳定的国企工作，投身个体经营的行列。几年的商业摸索让他充实而忙碌，但同时也感到家庭生活的疏忽。他常常想，如果有专业的服务能帮他处理这些家务事，那该多好。这样的念头让他不禁思考：是否其他人也有同样的需求呢？这样的想法最终促成他创办一家家庭服务公司。

张杰敏锐地洞察到了家政服务市场的潜力。他认为，随着工作节奏的加快和生活水平的提高，家政服务将逐渐成为一种新的生活需求，并且会越来越受到人们的欢迎。他坚信自己的判断并付诸行动。1992 年 7 月，在其所在地区的一个小区居委会的办公室里，张杰租下了一张办公桌，开始了“家和家政”的创业历程。

创业初期，家和家政公司以开放的姿态接纳各类家庭服务需求，虽然利润微薄，但张杰依然坚持。后来，合伙人的相继离开让他倍感压力。正当他感到迷茫时，一个卖早餐的妇女找到了他，希望能在家和家政登记，寻找一些零散的工作机会。很快，张杰将一份商场保洁员的工作介绍给了这位妇女。不久，妇女高兴地穿着保洁员的制服回来，并执意要给他 30 元作为感谢。这一经历让张杰突然意识到——信息服务也可以创造收入！

张杰感慨地说：“当时我们并没有能力提供派遣式的家政服务，但通过开展中介服务，家和家政终于打开了局面。创业的每一步都是一次探索，现在看来很简单的事情，在当时家政服务业还不成熟的情况下，都是我们从无数次的尝试和失败中总结出来的。作为第一个尝试者，虽然会遇到很多困难，但也能收获先行者带来的机遇。一个好的商业模式就像火种，最终会点燃整个市场。”

随着时间的推移，家政公司的队伍逐渐壮大，家和家政也逐渐在该地区家喻户晓。到 2008 年底，家和家政公司已经拥有了 36 家分公司，遍布该地区的各个城区，员工超过 160 人，累计为超过 8 万户家庭提供了家政服务员，为10万人次提供了钟点工服务。这不仅解决了大量外来务工人员和下岗人员的就业问题，也为千家万户带来了实实在在的便利。

不难看出，家和家政公司的成功在于他看到了市场中的空缺，并通过填补这些空缺，短时间内减少了直接的市场竞争，获得了持续的收益。

布鲁塞尔，有着啤酒胜地的美称，这个地方外国啤酒商虽多，但真正能在此竞争激烈的市场中立足者寥寥无几。然而，“哈罗”啤酒厂却凭借其先人一步的洞察力和敢于第一个吃螃蟹的勇气，成功地在市场中崭露头角。

销售总监林达，作为“哈罗”啤酒崛起的关键人物，初入公司时便面临着巨大的市场压力与个人挑战。不过，正是这些挑战激发了他的斗志，使他决心要打破常规，寻找一种前所未有的广告方式。

在资金紧张、无法承担高昂广告费用的困境下，林达没有选择传统的广告模式，而是决定自己贷款承包销售工作，并寻找创新的营销策略。他敏锐地观察到布鲁塞尔市中心广场上的比利时小英雄于连尿童铜像，并突发奇想地将自来水替换为“哈罗”啤酒。这一大胆的尝试不仅吸引了市民的眼球，更在社交媒体上引发了广泛的关注和讨论。

林达的这一创新举措，让“哈罗”啤酒在极短的时间内获得了极高的曝光率，极大地刺激了消费者的购买欲望。当年的销售量激增至往年的18倍之多，使“哈罗”啤酒一跃成为布鲁塞尔市场上的宠儿。

林达的成功并非偶然，他敢于打破传统思维，勇于尝试新的广告方式，成了第一个吃螃蟹的人。正是这种先人一步的洞察力和敢于冒险的精神，使他和“哈罗”啤酒在竞争激烈的市场中脱颖而出。

这个故事告诉我们，无论是个人还是企业，要想在竞争中占据优势地位，就必须敢于先人一步，勇于尝试新思路、新方法。只有这样，才能在激烈的市场竞争中保持领先。同时，这也提醒我们要敏锐地观察市场变化，深入了解消费者的需求与关注，从而制定出更加有效的营销策略。

谋略智慧

鲁迅先生曾高度赞誉过第一个品尝螃蟹的人："第一个吃螃蟹的人是很令人佩服的，不是勇士，谁敢去吃它呢？"事实上，真正能够成就一番大事业的，往往都是那些敢于率先尝试、敢于冒险的"吃螃蟹者"。然而，遗憾的是，大多数人往往习惯于持观望态度，面对摆在眼前的机遇，却犹豫不决，畏首畏尾。他们担心风险，害怕失败，因此选择了等待和观望。然而，等到市场已经成熟，竞争已经激烈，哪里还有他们的立足之地呢？机会往往稍纵即逝，只有那些敢于第一个吃螃蟹的人，才能抓住机遇，实现自己的目标和梦想。

洞察先机，
提前布局，抢占优势

《兵经》有言："兵有先天，有先机，有先手，有先声……先为最，先天之用尤为最，能用先者，能运全经矣。"这些内容深刻揭示了洞察先机，提前布局，抢占优势在战争胜利中的决定性作用。在现今的商场角逐和职场竞争中，"洞察先机、提前布局、抢占优势"同样至关重要。

"洞察先机，提前布局，抢占优势"的本质在于当机遇降临时，能够迅速且精准地把握。为了做到这一点，我们需要展现智慧。这里的"先"意味着在时间和思维上的超前，要求我们具备高度的推理能力，以便在他人察觉之前预见到机遇的来临。

在江苏扬州，当地民众自古以来便对鹅肉与鹅汤情有独钟，其中风干鹅与盐水鹅更是该地区两大特色美食。盐水鹅因其独特的风味而深受当地民众喜爱。然而，由于本地养殖规模有限，市场供应难以满足需求，因此需每年从北方引进大量白鹅以满足当地市场的旺盛需求。

尽管扬州本地白鹅具备得天独厚的养殖条件，却因养殖量不足而处于市场劣势。在此背景下，畜牧学校毕业的小张，毕业后即面临家族鹅

苗孵化生意因“非典”陷入困境的挑战。在鹅苗销售亏损严重的情况下，小张决定涉足养殖领域，以减轻家族压力。

他租下十几亩荒地，初步尝试养殖4000只鹅苗。然而，由于条件简陋和经验不足，导致大量鹅苗死亡。在父亲的鼓励下，小张并未放弃，通过连续几批次的养殖实践，逐渐积累经验，并实现了盈利。

尝到甜头后，小张意识到规模养殖的潜力，于是大胆投入，扩建鹅舍，将养殖规模增至12000只。虽然父亲担忧风险，但小张坚信市场机遇，坚持扩大生产。然而，就在鹅即将出栏之际，禽流感疫情暴发，鹅价暴跌，小张面临巨大的经济损失。

面对困境，小张展现出了敏锐的洞察力和决断力。他果断将待售的鹅宰杀并冷冻储存，以待市场回暖。这一决策成为他后来成功的关键。禽流感过后，市场逐渐恢复，鹅价回升。小张抓住时机，迅速将冷冻的鹅肉投放市场，实现了扭亏为盈。

更值得一提的是，小张在禽流感期间不仅未停止收购鹅苗，反而加大了收购力度。他预估到许多养殖户因疫情而减少养殖量，未来市场将出现供应短缺。因此，他每隔20多天就进一批鹅苗，3个月内共收购了4万多只。这一举措使他在鹅价反弹时拥有充足的货源，进一步扩大了盈利空间。

通过冻鹅的储存和鹅苗的提前收购，小张成功洞察先机、提前布局，实现了养殖事业的跨越式发展。最终，他整合当地养殖资源，将年养殖量提升至30万只，效益超过2500万元，成为当地知名的养殖大户。

需要注意的是，洞察先机、抢占优势离不开明确的规划和策略。由于“抢”字本身带有紧迫性，我们必须提前设定目标，并为它们设定优先级。当首要目标难以实现时，我们应迅速调整策略，转向次要目标，以确保不会错失重要的机遇。

此外，行动必须迅速而果断，一旦目标确定，便应立即行动，避免因为犹豫导致机会的流失。只有这样，我们才能确保与预期目标相符。

作为曾经掌控世界黄金市场和欧洲经济命脉的显赫家族，罗斯柴尔德家族对信息和情报的宝贵价值有着深刻的认识。其家族中的杰出成员尼桑，在青年时期便展现出了非凡的商业才能，在意大利的棉、毛、烟草、砂糖等商品交易中迅速崭露头角，成为商业界的翘楚。

然而，尼桑最为人所称道的，莫过于他在1815年6月20日伦敦证券交易所的传奇交易。当日，他凭借对市场的敏锐洞察力和精心的布局，在短短数小时内便累积了数百万英镑的巨额财富。在交易所中，尼桑的影响力不可小觑，他习惯性地倚靠着一根柱子进行交易，因而这根柱子被市场人士戏称为“罗斯柴尔德之柱”，并成为众人关注的焦点。

就在前一日，英法之间的滑铁卢战役成为市场的焦点。这场战役的胜负直接关系到英国公债的价格走势。投资者们急切地等待着战场的消息，因为任何一丝先机的消息都可能为他们带来丰厚的回报。在当时信息流通不畅的时代背景下，消息的传递极为缓慢，且其准确性难以保证。

然而，尼桑却与众不同，他并未依赖官方的消息渠道，而是凭借家族横跨全欧洲的情报网络，提前得知了滑铁卢战役的结果。这一情报网络是罗斯柴尔德家族精心构建的，不仅信息传递速度快、覆盖面广，而且信息的准确性极高。正是凭借这一优势，尼桑在关键时刻做出正确的决策。

在得知英军大胜的消息后，尼桑并未急于行动。他巧妙地运用了欲擒故纵的策略，先在市场上抛售英国公债，引发了恐慌性的抛售潮，导致公债价格暴跌。当价格跌至谷底时，他果断地大量买进，以极低的价格获得了大量的公债。随后，当官方正式宣布英军大胜的消息时，公债价格迅速回升，尼桑因此赚取了巨额的利润。

这一故事深刻揭示了洞察先机、提前布局和抢占优势的重要性。在商业竞争中，机会往往青睐于那些有准备的人。只有那些能够敏锐地洞察市场动向、提前布局并抢占先机的人，才能在激烈的竞争中脱颖而出，成为最终的胜利者。

因此，无论是个人还是企业，都应该高度重视信息和情报的收集与分析工作，不断提升自身的洞察力和决策能力，以便在竞争激烈的市场环境中立于不败之地。

谋略智慧

对于企业和个人而言，抢占先机意味着要敏锐洞察市场趋势，迅速响应市场变化，通过不断创新和突破，在激烈的市场竞争中占据有利地位。这要求个人和企业都具备前瞻性和创新精神，不断学习和实践，以适应快速变化的职场和商业环境。

出奇制胜，赚别人认知以外的钱

在商场的激烈竞争中，成功的关键常在于巧妙运用“出其不意，攻其不备”的兵法策略，以实现出奇制胜的效果。那么，何为出奇制胜？简而言之，即在竞争对手尚未警觉之时，敏锐地洞察市场先机，并在其毫无防备的情境下迅速采取行动。

那些擅长运用出奇制胜策略的商人，往往能够打破传统思维的桎梏，发现那些被广大市场参与者忽视的商业机遇。他们创造性地构思出新颖独特的策略，并果敢地将这些策略付诸实践。这种独特的视角和果断的决策，使他们在市场中构建起了难以复制的竞争优势，从而赚取了超出一般认知范畴的财富。

在美国一个小镇上，有个 15 岁的男孩叫鲁比。他在马戏团帮忙卖零食，虽然年纪小，但脑子特别灵光，总能想到新点子。可马戏团最近人不多，零食也卖不动，鲁比很着急。

鲁比没打算就这么放弃，他想了一个新办法来让马戏团火起来。他直接跟老板建议：“咱们给每个来看马戏的人免费送一包花生吧！”老板一听就愣了，心想：哪有做生意还往外送东西的？这不是亏了吗？

然而，鲁比对自己的计划信心满满。他向老板保证，若此方法失败，他愿承担所有损失；若成功，他仅需一半的利润作为报酬。老板被鲁比的决心和自信打动，决定给他一次尝试的机会。

不久之后，马戏团门口出现了令人瞩目的新景象：鲁比站在那里，热情地吆喝着："快来观赏精彩绝伦的马戏！购票即可免费领取美味炒花生一包！"这一别出心裁的举措迅速吸引了路人的目光，许多人被免费的花生吸引，纷纷购票进入马戏团。

然而，鲁比的策略远不止于此。他巧妙地调整了炒花生的配方，增加了盐的比例，使得花生更加美味可口。观众们在享受马戏表演的同时，不知不觉地吃掉了手中的花生，随后感到一丝口渴。这时，鲁比恰到好处地出现，手持着各种饮料，向观众们推销。

马戏团的生意因此逐渐兴隆起来，观众们不仅欣赏到了精彩的马戏表演，还享用了美味的花生和饮料。鲁比凭借这一连串的巧妙操作，不仅让马戏团生意好转，自己也赚得盆满钵满。

现在不少人说"个人财富与其认知水平有关"。然而，这不意味着在未知领域，我们无法获得财富。需要明确的是，只要我们持续学习，不断拓展知识边界，那些曾被视为认知以外的财富，会随着学习的深入而成为可能。

商场里的顶尖高手之所以厉害，是因为他们眼光独到，想问题很深。他们能发现别人忽略的赚钱机会，还能想出与众不同的点子。正是靠这些智慧和本事，他们在竞争激烈的商战中获得了成功。

在战国时期，燕国位于齐国的北边，两国相邻而居。燕王哙为追求尧舜禅让的美名，竟然将王位让与国相子之，此举引发了燕国内部的剧烈动荡。齐国趁机出兵，大肆掠夺燕国财富，并杀了燕王哙。

燕国上下对齐国的行为深恶痛绝，但因为自身力量薄弱，一直难以采取行动复仇。燕昭王二十八年，齐国因贪心过度吞并了宋国的土地，引起了周围国家的愤怒和反感。这时，燕国的著名将领乐毅看到了复仇的机会，他决定联合其他诸侯国一起讨伐齐国。

乐毅亲自指挥燕国和赵国的军队，并成功地说服了秦国、楚国、韩国和魏国等国家加入联军，共同对抗齐国。这样，六个国家联合起来，形成了强大的军事力量，向齐国发起了进攻。在乐毅的英明领导下，联军势如破竹，迅速占领了齐国的大片领土。

齐国都城临淄在联军的猛攻下被迅速攻陷，齐国仅剩下莒城和即墨两座孤城。齐湣王仓皇出逃，结果在逃亡途中遇害。

当燕国大军攻入齐国时，田单携全家逃至安平城。他预见燕军可能攻打安平，便命令家人提前将车轴末端锯断，并包上铁箍以防断裂。家人虽不解其意，但事实证明田单的预见是正确的。当燕军攻打安平时，城墙崩塌，齐人争相逃离，因车辆损坏而纷纷被俘。唯有田单家族因提前准备而得以逃脱，随后他带领家族逃至即墨，坚守城池。

齐国局势混乱，即墨城也陷入重围，国君逃亡，守将缺位。城中百姓认为田单足智多谋、善于用兵，遂推举他为将领，领导军民与燕军进行殊死搏斗。田单临危受命，施展一系列奇谋妙计，开启了齐国的绝地反击。

公元前 279 年，燕昭王驾崩，燕惠王即位。田单听闻燕惠王与乐毅不和，便运用反间计，在燕军中散布谣言，称乐毅因与新君有矛盾而欲在齐国自立为王。燕惠王信以为真，立即派遣将领骑劫取代乐毅，乐毅则逃往赵国。

自此，战争局势开始发生微妙变化。燕国民众与士兵对乐毅的离去感到不满，而田单在即墨则采取一系列手段激发士气。他自称有神灵相助，并编造神师之说，发布的命令皆称出自神师之口。同时，他在燕军中散布谣言，诱使燕军做出激怒即墨军民的行为，如残害俘虏、挖墓焚尸等。这些举动激怒了即墨军民，他们决心与燕军决一死战。

田单见士气高昂，便着手策划反攻。他亲自带领部队加固城池，动员百姓参与防御，并将妻子与族中妇女编入军队服役，将饮食全部用于犒劳将士。他命令披甲士兵埋伏起来，让老弱妇幼登上城墙示弱，并散布即墨即将投降的假消息。同时，他暗中派遣即墨富户贿赂燕国大将，请求城破后能保全性命。燕军信以为真，开始放松警惕。

就在燕军沉浸于即将胜利的喜悦中时，田单在即墨城内准备了令人震惊的“火牛阵”——他征集了1000多头牛，身披红布，牛角绑上利刃，尾巴捆上浇油的麻绳。深夜时分，他下令在城墙凿出数十个洞口，点燃牛尾上的麻绳，将牛群从洞口赶出。火牛受惊后朝着毫无防备的燕军阵营狂奔而去。燕军士兵惊慌失措，死伤惨重。田单率领5000壮士紧随其后发起攻击，即墨城内的百姓则在城墙上敲锣打鼓助威。

燕军大败而逃，田单一举解除了即墨长达5年的围困之忧。他乘胜追击，成功收复了被燕军占领的70多座城池。

田单在战争中突破常人认知、出奇制胜的才能得到了充分展现。他善于运用心理战术、创新战术、反间计等手段来削弱敌人、增强自己的势力，同时重视民心的作用，激发士气。这些策略和战术的运用不仅为齐国挽回了危局，也为后人留下了宝贵的战争经验和智慧。

谋略智慧

个人的认知水平往往决定了其能够驾驭的财富与成就的高度。当机遇与财富如潮水般涌来，若我们的认知水平未能同步提升，便如同驾驭不了狂风暴雨中的巨轮，极易被诱惑的暗流与困难的巨浪吞噬。这便是“德不配位”的道理。因此，想要真正迈向成功，持续提升认知水平是不可或缺的。

人弃我取，人取我予，随机应变

“人弃我取”一词出自《史记·货殖列传》，源自古代商人的经营策略。最初，它讲的是李克和白圭的经商故事，在别人不看好的时候，低价买入别人放弃的商品，等到市场好转，价格上升时再卖出，以此获利。简单来说，就是别人不要的，我囤积起来，将来能赚钱。

后来，这个词汇的意义扩展了，它不再仅限于商业行为。它也可以表示一种不随波逐流，不与人争抢，却能巧妙抓住机遇，获得好处的智慧。或者，它也可以用来形容一个人的兴趣、看法与别人不同，独具一格。

白圭，又名丹，是战国时期的大商人，曾在魏国担任过官职。《汉书》记载，他被尊为经营贸易和发展生产的理论奠基人。在《史记·货殖列传》中，司马迁更是称他为“治生祖”，也就是经营民生（商人）的祖师爷，这足以说明他的经营方法对后来的影响有多么大。

“人弃我取，人取我予”是白圭经商的主要策略，简单来说，就是当别人都不要某个东西，觉得它不值钱的时候，我就去买它；而当别人都来抢购某个东西，觉得它很值钱的时候，我就把它卖掉。这种“反其道而行之”的方法，让白圭在复杂多变的市场中总能抓住机会，赚到不少钱。

有一次，市场上棉花多得没人要，价格非常低。白圭却看到了机会，他让手下的人把市场上的棉花都买下来。因为买得太多，他甚至还租了别人的仓库来放棉花。而这时候，其他商人都在抢购皮毛，想着冬天能大赚一笔。但白圭没有跟风，而是把仓库里的皮毛都卖了出去，赚了一大笔钱。

随着时间的推移，由于持续的阴雨天气，棉花产量锐减，市场上的棉花价格随之飙升。那些之前急于抛售棉花的商人此时却陷入了货源短缺的困境，开始四处寻觅货源。而白圭凭借先前的智慧决策，将他之前收购的棉花全部高价售出，再次取得了丰厚的利润。随后，皮毛市场突遭变故，价格暴跌，众多囤积皮毛的商人因此蒙受巨大损失。然而，白圭因早已将皮毛出售，成功避免了这场灾难。

“人弃我取，人取我予”这一策略不仅充分展现了白圭卓越的商业智慧，更体现了他对市场动态变化的敏锐洞察力和对商机的精准把握。这一策略被后世广泛学习借鉴，成为商业思想体系中的经典理论之一。白圭的贡献不仅在于其独特的经营之道，更在于他对中国商业发展的深远影响，为后世留下了宝贵的商业智慧和经验。

民国时期的周云光，是一位被誉为“上海滩奇迹之王”的银行家，凭借其独特的商业智慧和敏锐的洞察力，在变幻莫测的金融市场中创造了一系列商业奇迹。他深谙“人弃我取，人取我予”的商业哲理，总能从看似不可能的境地中捕捉到商机。

周云光所创立的上海银行（非今日之上海银行），在极为艰难与动荡的时代背景下诞生。初期便遭遇了外国银行与国内钱庄的双重挑战。彼时，外国银行如美国的花旗、汇兴，法国的东方汇理，英国的汇丰、麦加利等，在上海租界内外林立，皆是实力雄厚的金融巨头。他们普遍轻视中国银行业，认为“中国的银行难以立足”，自然也将周云光的上海银行看得无足轻重，普遍认为其倒闭是迟早之事。此外，国内金融市场的竞争亦异常激烈，上海不乏实力雄厚的大钱庄。

周云光深知，新生的上海银行既无深厚的政治背景，又无雄厚的资金支撑，首要之务便是稳固立足。而要立足，除了提升服务质量和内部管理，还需形成自身的独特优势。

经过长期的商业实践，周云光敏锐地发现，外国银行与国内钱庄更倾向于吸引大额存款，而对小额存款有所忽视。他意识到这是一个绝佳的契机。于是，他决定以小额存款为突破口，视其为上海银行能否立足的关键所在。

于是，周云光提出了“人争近利，我图远功；人嫌细微，我宁繁琐”的经营方针。他紧抓小额存款这一突破口，将其作为上海银行站稳脚跟的关键。为了吸引小额存款，他创新性地推出了“一元开户”服务，即只需一元钱便可在上海银行开户。这一举措在当时的中国金融界是前所未有的，引起了广泛关注和热议。尽管有人质疑其有失银行身份，但周云光坚持认为，这是满足广大市民阶层需求的必要举措。

事实上，“一元开户”服务迅速获得了市民的热烈响应。那些低收入的教师、公职人员、家庭主妇、自由职业者以及部分小商人和手工业主纷纷将积蓄存入上海银行。这一创新举措不仅为上海银行打开了储蓄业务的新局面，更为其赢得了良好的声誉。

随后，周云光又采取了上门服务的策略，亲自率领银行员工深入各大专院校，为学生们提供储蓄、教育储蓄等金融服务。这些措施进一步扩大了上海银行的影响力，使其在竞争激烈的金融市场中逐渐崭露头角。

周云光的成功并非偶然。他之所以能够在旧上海的金融界创造如此辉煌的业绩，除了个人的不懈努力、独特的际遇、卓越的个人魅力和出色的社交能力，更重要的是他善于在复杂的局势中做出明智的取舍，深刻理解和灵活运用“人弃我取，人取我予”的经营之道。

谋略智慧

需要注意的是，“人弃我取，人取我予”的经商策略，虽然有很大的盈利潜力，但同时也伴随着极大的风险。如果你想要尝试这种策略，首先要做的是深入的市场调查，了解市场的走向和趋势，这是降低风险的有效手段。

此外，决策者还需要具备随机应变的能力，能够准确把握时机，并顺势而为。在“贱买贵卖”的过程中，果断的决策至关重要。你一旦完成了市场调查，并且时机也把握得当，就需要立即行动，因为机会稍纵即逝，稍不留意就可能错过。

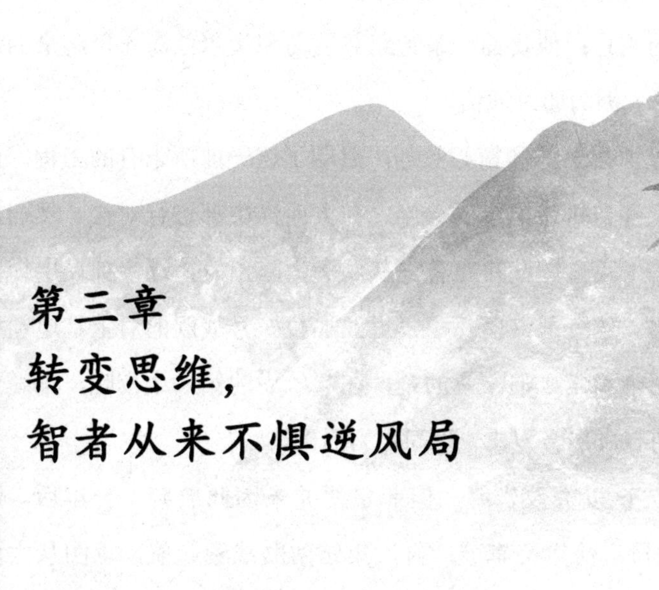

第三章 转变思维，智者从来不惧逆风局

逆境是命运的试金石

逆境，通常被视为一种充满挑战的生活状态，与我们追求的理想生活相悖。这种状态因人而异，受到时代、地理位置、家庭背景以及个人健康状况的影响而表现出多样性。

通常说的逆境，就是生活里的难处、工作上的失败、前进路上遇到的麻烦，还有身体生病这些不好的事情。就像古人说的“人生如逆旅，我亦是行人”，路不平坦，总有上坡下坡。很多人觉得逆境就是倒霉透顶的，都想躲得远远的。但其实，换个角度看，逆境里头也有希望和机会藏着呢。

塞勒斯·韦斯特·菲尔德是个超级成功的企业家，他最早靠造纸赚了好多钱。1854 年，他听说加拿大有个电气工程师吉斯伯勒想搞个海底电缆，把加拿大纽芬兰岛和美国连起来。菲尔德一听，心里就激动了，他想了个更大的主意：他要铺一条把纽芬兰岛和爱尔兰岛连接起来的海底电缆，实现两大洲的即时通信。

菲尔德经过深思熟虑和精心策划，启动了这一前所未有的工程。原计划是两艘战舰各自携带电缆的一半，在大西洋中部进行对接。然而，出于安全因素的考量，团队决定首先从欧洲大陆出发，逐步铺设电缆至大西洋中部。这一重任最终落在了“尼亚加拉”号战舰的肩上。电缆铺设初期，信号清晰稳定，但不幸的是，在起航后的第六个夜晚，电缆意外断裂，多年的心血与努力在一瞬间化为泡影。

尽管首次尝试以失败告终，但菲尔德并未因此放弃。一年后，即1858年6月10日，他重整旗鼓，再次集结两艘战舰起航，意图从大西洋中部向两岸铺设电缆。然而，命运似乎对菲尔德并不宽容。在航行的第四天，突如其来的特大暴风雨席卷而来，“阿伽门农”号在汹涌的海浪中颠簸了整整10天。虽然最终与其他船只会合，但电缆在暴风雨的肆虐下遭受了严重损坏，导致这次的铺设又失败了。

面临着重重困难和外界的质疑，菲尔德的决心却越发坚定。1858年7月17日，他再次率领舰队起航。经过艰苦的努力，7月28日，在大西洋中部，两艘船成功通过电缆实现了通信。这一历史性的时刻震惊了世界，菲尔德因此被誉为国家的英雄。然而，没过几天，电缆信号逐渐减弱直至消失，这顿时引发了广泛的质疑和争议。菲尔德被指责为骗子，甚至有人怀疑电缆从未真正运作过。菲尔德的声誉瞬间跌入谷底。

在逆境的洗礼下，菲尔德展现出了非凡的成长与坚韧不拔的精神。昔日身为商界翘楚的他，骤然间跌落至谷底，背负着骗子的污名，财富散尽，亲疏离散，人生仿佛被无尽的黑暗笼罩。然而，他没有被打倒，反而煅烧出他内心深藏的斗志与毅力，驱使他奋力前行，寻求重生的曙光。

在沉寂的6年中，他承受着外界的质疑和嘲笑，默默地进行着准备和策划。他筹集资金，购买先进的船只，解决技术难题，为再次出发做着准备工作。

在这段艰难的日子里，菲尔德知道了如何面对失败和挫折。他明白，失败并不可怕，可怕的是失去信心和勇气。他学会了从失败中吸取教训，不断调整自己的策略和方向。他坚信，只要坚持下去，总有一天会迎来成功的曙光。

终于，在1866年7月13日这一天，菲尔德再次扬帆起航，向着大西洋深处进发。这一次，他带着更加坚定的信念和更加充分的准备，成功实现了欧洲和北美之间的即时通信。他的成功不仅证明了自己的能力和价值，也为世界的交流和发展作出了巨大的贡献。

在人类漫长的历史中，许多杰出人物都曾面临过逆境。尽管命运对他们并不宽容，但那些真正的强者总能找到生命的支点，调整心态，坚定地面对生活的艰辛。他们从未因贫困而沮丧，反而通过不懈的努力，打破了困境，不仅摆脱了贫困，还超越了平凡，创造了卓越与伟大。

在春秋时期，诸侯国之间经常为了争夺地盘打仗。公元前496年，吴王阖闾带兵攻打越国，结果吴军大败，阖闾也中箭而死。吴王死后，他的儿子夫差继承了他的位置。夫差吸取了父亲的教训，加强军队训练，只用了3年就让吴国兵强马壮。

公元前494年，吴王夫差为了给父亲报仇，起兵攻打越国。两军在夫椒这个地方再次交战，结果这次越国大败，勾践只能带着剩下的士兵逃到会稽山。但夫差并没有放过他们，包围了会稽山。这时，勾践的谋士范蠡建议他暂时先向吴国低头，请求和谈。

吴王夫差本有意答应，但受到重臣伍子胥的坚决反对。在这个时候，越国大夫文种巧妙地利用了吴国大臣伯嚭的贪欲，贿赂了许多美女和财宝，致使伯嚭为越国求情。在伯嚭的力劝下，夫差最终答应了勾践的求和条件，但要求勾践到吴国为奴。

在吴国，勾践和妻子、范蠡一起过上了屈辱的生活。他们被安置在阖闾墓旁的简陋屋子里，每日为夫差养马、牵马，甚至要匍匐在地让夫差踩着自己的背上马车。这些屈辱的经历让勾践深切地感受到了自己的无力，同时也激发了他复仇的斗志。

一次，夫差病重，范蠡建议勾践去探望并尝其粪便以表忠心。勾践虽然内心抗拒，但在范蠡的开导下，他毅然决定前往。在夫差病榻前，勾践不仅表示了关心，还亲自尝了夫差的粪便，并告诉夫差他的病情即将好转。这一举动让夫差大为感动，认定勾践对自己忠心耿耿，最终决定放他回国。

回到越国后，勾践立志报仇雪耻。他晚上睡在柴草上，房梁上悬挂着一只苦胆，每日起床或休息时都要尝一尝苦胆的味道，以此提醒自己不忘耻辱。他礼贤下士、广纳人才、勤于国事、敬老恤贫，与百姓同甘共苦。在他的带领下，越国逐渐恢复了元气，国力日益强盛。

经过20年的努力，越国终于迎来了复仇的机会。勾践亲自率领大军进攻吴国，一举将其击败。夫差在战败后逃往姑苏山求和不成，最终自杀身亡。吴国灭亡，勾践成为吴越地区新的霸主。

身处逆境并不可怕，关键在于我们如何面对和克服它。勾践在逆境中没有被打倒，反而不断成长、越挫越勇。他用自己的行动证明了：只要我们有坚定的信念和不懈的努力，就一定能够战胜困难，实现自己的目标和梦想。

谋略智慧

顺境能带给我们舒服与自在，但人生不可能总是一帆风顺的，逆境就像是一块磨刀石，虽然过程痛苦，却能让我们变得更强大。人生路上难免会遇到困难和挫折，这时，我们不能轻易放弃，得咬牙坚持住，保持那股子不服输的劲儿。我们要把逆境看作是自己变强的好机会，告诉自己："只要我不放弃，继续努力，就一定能克服这些困难，说不定还有意外收获呢！"

用最小的代价，争取最好的结果

在现代商业竞技和职场博弈中，“不战而屈人之兵”的精髓在于策略性地追求成本效益最大化。面对强大的竞争对手，我们并不急于正面交锋，而是先要自省，识别并弥补自身的短板，同时优化内部流程，削减不必要的开支，提升工作效率，从而以极具竞争力的价格搭配卓越品质，赢得消费者的青睐。

我们擅长运用自身的核心竞争力，精准定位对手的薄弱环节，通过精心的布局，使对手在不自觉中陷入被动。这种策略不仅体现了智慧与远见，更是对资源高效利用和对市场竞争的深刻理解。简而言之，我们追求的是以最小的资源消耗，实现市场份额和利润的最大化增长。

公元960年，后周大将赵匡胤被派遣抵御辽军入侵。然而，当军队行至陈桥驿时，局势突变，士兵们发动兵变，推举赵匡胤为皇帝。面对这一形势，赵匡胤审时度势，接受了士兵们的拥戴。随后建立了北宋王朝，成为历史上著名的宋太祖。

登基之后，赵匡胤面临的首要任务是稳固自己的统治地位。他深知，身边将领们手握重兵，势力庞大，若处理不当，将严重威胁其统治。

因此，他精心谋划了一个策略，旨在以最小的代价削弱这些将领的兵权。

赵匡胤策划了一场盛大的宴会，邀请了手握重兵的将领们参加。宴会上，他与将领们把酒言欢，谈笑风生，营造出一种和谐融洽的氛围。当宴会达到高潮时，赵匡胤巧妙地转变了话题，向将领们表达了自己的忧虑。他坦言，作为皇帝，他时刻担心皇位不稳，担忧将领们的部下效仿“黄袍加身”之举。他询问将领们，面对这样的潜在威胁，有何对策。将领们听后，皆面露惶恐之色，不知所措。

此时，赵匡胤提出了他的解决方案：他希望将领们能够主动放弃手中的兵权，转而享受富贵安逸的生活。他承诺，将领们交出兵权后，将得到丰厚的赏赐，并且他们的子孙后代都能享受荣华富贵。将领们虽然心中不舍，但在赵匡胤的威势和承诺面前，不得不接受这一安排。

宴会结束后不久，这些将领们纷纷上书赵匡胤，称自己因病无法再领军作战，请求解除兵权。赵匡胤顺水推舟，一一批准了他们的请求，并赐予他们丰厚的田地与黄金。通过这一策略，赵匡胤成功地削弱了将领们的兵权，巩固了自己的统治地位。

赵匡胤的这一策略，即历史上著名的“杯酒释兵权”，充分展现了他高明的政治手腕与智慧。他以最小的代价实现了最大的胜利，不仅避免了潜在的军事冲突和流血牺牲，还确保了国家的稳定和繁荣。

在现代商场和职场中，“不战而屈人之兵”的策略依然具有极高的实用价值。通过巧妙的策略和智慧，以最小的代价实现最大的利益。

在竞争激烈的商业战场上，面对拥有显著优势或强大实力的竞争对手，明智的做法并非直接宣战或展开激烈的对抗。相反，应该采取更为审慎和策略性的方法，避免直接冲突，寻求以智取胜。

这种策略要求我们在面对竞争对手时，保持冷静和理性，深入分析对方的优势和劣势，同时评估自身的实力和资源。在此基础上，我们可以制定出一套既符合自身利益又能有效应对竞争对手的策略，如寻找新的市场机会、提升产品和服务质量、优化成本控制等。

洛克菲勒，美国著名企业家，以其卓越的商业头脑和独特的策略而闻名。一天，他穿着一身昂贵的西装，戴着名贵的配饰，走进一家银行的贵宾室。他的优雅举止立刻引起了经理的注意。

这位经理经验丰富，对来访的顾客有着敏锐的眼光。他仔细观察了洛克菲勒的衣着和气质，立刻意识到这位顾客与众不同。他热情地询问洛克菲勒的需求，得到的答案却让他感到意外。

“我想要贷款。”洛克菲勒平静地说。

“当然可以，那么您希望贷多少呢？”经理礼貌地问道。

“1 美元。”洛克菲勒的回答让经理感到十分惊讶。他难以想象，这样一位穿着考究、谈吐不俗的顾客，为何只需求如此微小的贷款金额。

然而，洛克菲勒并未因此感到尴尬或不安。他从容地从包中取出一大堆股票和债券，放置在经理的办公桌上，并询问是否可以用这些作为贷款的担保。经理清点后发现，这些股票和债券的总价值高达 50 万美元，足以作为大额贷款的担保。

尽管如此，洛克菲勒仍坚持只需要 1 美元的贷款。办完担保贷款后，洛克菲勒解释道，自己此行有要事办理，但携带这些股票和债券十分不便。他了解到这家银行的保安措施十分严密，因此决定将这些贵重物品以贷款担保的形式存入银行，以减轻自己的负担。此外，他还计算了贷款的成本，发现年息 6% 对于如此大额的担保物来说相当划算，仅需支付 6 美分的利息，便可以让银行保管价值 50 万美元的债券和股票。

听完洛克菲勒的解释，经理深感佩服。他意识到这位企业家不仅富有，同时具备超凡的商业智慧和独到的思维方式。他仅用极小的代价就实现了自己的目的，既保证了贵重物品的安全存放，又节省了昂贵的保管费用。这个故事充分展示了洛克菲勒的商业智慧和策略眼光。他善于利用现有的条件，以最小的代价实现最大的利益。

谋略智慧

在竞争场上，我们要学会避开对手的锋芒，不硬碰硬地挑战对方的强项，而是巧妙地将战略重心转移至对方的薄弱环节或未设防之处。这样做，我们能在最小的资源消耗下，实现最大化的战果，即所谓“以最小代价换取最大胜利”。

此时失利，彼时得利，从失利中孕育成功

在生活中，我们经常会站在岔路口，在眼前的一点儿好处和以后可能的大好处之间琢磨选哪个。有句话是“好汉专吃眼前亏”，这话可不是说我们就得傻乎乎地吃亏，而是说有时候，为了以后能赚更多、走得更远，我们得有点儿眼光，放下眼前的蝇头小利，选择那条看起来暂时吃点儿亏但长远来看更有利的路。这其实是一种聪明的做法，就像是在播种，虽然现在得花时间、精力，但将来能收获满满的果实。

需要注意的是，“好汉专吃眼前亏”意味着在面对短暂的不利时，我们应有足够的智慧和勇气去接受它，甚至主动寻求这样的“亏”。这是因为，每一次的挫折和失利都是成长的机会，是通往成功的必经之路。在这些看似不利的局面中，我们可以学到宝贵的经验，积累起对未来的洞察力和判断力。

只有当我们敢于舍弃眼前的蝇头小利，不为短期的得失动摇时，才能更加专注于长远的规划和发展。这种“舍”并非盲目的放弃，而是一种深思熟虑后的选择，是为了更远大的目标而做出的牺牲。

在 19 世纪末的美国，垄断资本主义的阴霾日益笼罩市场，为了维

护市场经济的公平竞争，美国国会于1890年颁布了反垄断法，旨在遏制那些滥用市场支配权的企业。在此背景下，洛克菲勒的美孚石油公司，作为当时美国最大的能源垄断组织，自然成了公众和国会的抨击对象。

尽管洛克菲勒凭借其雄厚的财富和广泛的影响力，一度成功避免了初期的反垄断诉讼。然而，随着时间的推移，美孚石油公司因其庞大的规模和深远的影响力，再次成为公众舆论的中心，国会和司法部门也面临着巨大的社会压力，不得不再次对其采取行动。

面对这一严峻的挑战，洛克菲勒及其团队陷入了深深的困境。就在此时，美孚石油公司的专属律师事务所中，一位名叫杜勒斯的年轻律师提出了一个别出心裁的解决方案。他深知直接对抗反垄断法并非明智之举，因此他提出了一个既能满足法律要求，又能保全公司利益的策略。

杜勒斯建议将美孚石油公司分割为若干个独立的分公司，每个分公司都拥有不同的名称和独立的法人身份进行运营，但实质上仍由洛克菲勒掌控。这一策略旨在通过法律形式上的“独立”，来规避反垄断法的直接制裁，同时确保美孚石油公司的核心竞争力和市场地位不受影响。

洛克菲勒在深思熟虑后，决定采纳杜勒斯的建议。他明白，虽然这一策略会牺牲他作为美孚石油公司总裁的显赫地位，但能够保全公司的长远利益，避免更大的损失。于是，他迅速召集高层会议，制订了详细的实施计划。

经过一系列复杂的法律程序和运营调整，美孚石油公司成功地“分解”为各州独立运营的美孚石油公司。表面上看似解体，实则更加稳固地掌控了市场的主导权。这一策略不仅让美国国会、司法部门和竞争对手哑口无言，更让美孚石油公司在未来的市场竞争中占据了更加有利的位置。

杜勒斯的这一计谋，充分展现了“此时失利，彼时得利”的深刻智慧。在面临重大挑战时，他能够洞察问题的本质，并果断地提出牺牲局部利益以保全整体利益的建议。

人生路漫漫，我们或多或少都要面临一些失利的局面，但是解决问题的关键不是你能否避免失利，而是在失利发生后能否采取积极的应对措施，实现扭亏为盈。

在古代，有一家老字号的烧饼铺，叫“宋记烧饼”。这家店已经传了四代，现在由老宋接手。他们家的烧饼口感酥脆，用料实在，但遗憾的是，生意总是不温不火，顾客寥寥无几。老宋看着冷清的店铺，心里很不是滋味。

有一天，店里来了个特别的客人——一个胖乎乎的老人，手里还提着一个布袋。他笑眯眯地跟老宋乞讨，老宋看他慈眉善目，就给了他几个刚出炉的烧饼。这老人毫不含糊，一口气吃了好几个。吃完后，他还夸赞老宋家的烧饼是他吃过最好吃的。但老宋却高兴不起来，因为生意还是不好。

老人听了老宋的烦恼后，给他出了个主意：“你试着把烧饼做大一点儿，但价格还是原价。再让你家人去市集上多摆几个摊位。”

老宋虽然有些疑惑，但还是决定试一试。他开始按照老人的建议，把烧饼做得更大，并让家人去市集上摆摊。

刚开始，生意并没有太大的起色。但老宋没有放弃，他决定给每天前三个顾客免费送一个烧饼。这招还真灵，买烧饼的人慢慢多了起来。那些免费得到烧饼的顾客，也成了“活广告”，把宋记烧饼的好口碑传给了更多人。

没过几天，烧饼就供不应求了。老宋赶紧印了一批小纸条，上面写着店铺地址和优惠信息，让家人在卖烧饼时送给顾客。这样一来，宋记烧饼的名声就传得更远了，顾客们纷纷前来购买。虽然每个烧饼的利润少了一些，但因为销量大增，老宋的收入反而比以前多了3倍。

我们都知道，买卖经营都绕不开“利”字，但如果只是一味追求个人利益，无法从顾客角度出发，这生意只会止步不前。老宋虽然增加了制作烧饼的成本，但通过薄利多销，把顾客都变成了回头客，生意自然源源不断。所以，最好的成就就是双方互赢，顾客有实惠可图，商家就有利润可得。两全其美，皆大欢喜。

谋略智慧

面对失利并不可怕，因为每个人都可能在生活的道路上遭遇挫折。然而，可怕的是当失利一再发生时，我们会因此变得失望和沮丧，甚至放弃自己的初心和追求。当陷入这样的局面时，我们需要抽出时间，为自己创造一个安静的空间，认真审视并总结每一次失利的原因和经验。这样的反思不仅能帮助我们找到问题的根源，还能让我们学会从中吸取教训。

一手烂牌，也能打成人生赢家

在现实生活中，我们总能听到各种抱怨：有人觉得社会对自己不公平，为什么自己就没个坚实的后盾；有人觉得自己不够聪明，比不上别人成功；还有人总抱怨命运不好，为什么自己总是碰到难事儿。

但说实话，光抱怨是没用的，它不会让情况变好。真正重要的是，我们面对困难和挑战时的心态。我们不能躲着走，也不能一直想着失败就起不来，而是要勇敢地面对，积极地去找机会。

这就像打牌，有时候手里拿到的牌看着不好，但只要你会打，也能赢；反过来，手里牌再好，打不好还是会输。所以，关键还是看我们怎么应对，怎么把这些“不好的牌”变成赢的关键。

18 世纪末的英国，一个名叫乔治·史蒂芬森的小男孩降生在一个贫困的家庭。他的童年并不如人们想象的那样充满欢声笑语，而是早早地背负起了生活的重担。由于家境贫寒，从未接受过正规教育的他，十几岁就踏入煤矿，开始了艰苦的童工生活。

然而，乔治并非一个甘于命运安排的人。他深知知识的重要性，尽管身处困境，但他依然保持着对学习的渴望。他自掏腰包，利用上夜校的机会，一步步学会了读写。这个过程漫长而艰辛，但他从未放弃，直到能够流畅地阅读和书写。

然而，生活的挑战并未因此而减少。他的婚姻并不顺利，最终与一位年长他许多的乡村女仆结为夫妻。妻子去世后，他不得不独自抚养年幼的儿子，同时还要照顾因工伤而失明的父亲。这些重担压得他喘不过气来，但他依然坚持着，用自己的勤劳和智慧支撑着这个家。

在矿上工作的日子里，乔治目睹了无数次瓦斯爆炸的悲剧。他深知这些事故给矿工们带来的痛苦和损失，于是下定决心要发明一种能够预防瓦斯爆炸的安全灯。经过无数次的试验和改进，他终于成功地发明了这种安全灯。然而，命运再次跟他开了一个玩笑。他的发明与著名科学家汉弗莱·戴维爵士发明的安全灯“撞车”了，最终导致了发明权的问题无法解决。尽管矿主们都支持他，但由于社会地位和影响力的悬殊，他并未能从这项发明中获得应有的回报。

面对这样的困境，乔治并没有选择抱怨或放弃。他将注意力转向了另一项伟大的发明——火车。他利用自己的机械知识和丰富的实践经验，开始研究设计这一运载工具，经过不懈的努力和试验，他终于成功地设计出了这种安全、高效的运载工具。

这项发明彻底改变了交通运输的方式，使人类进入了全新的时代。乔治·史蒂芬森也因此被誉为“火车之父”，成为继瓦特之后英国最伟大的发明家之一。他的故事告诉我们：即使身处逆境，只要保持坚定的信念和不懈的努力，也一定能够逆风翻盘，将一手烂牌打出人生王炸。

这些奋斗者或许经济上不太宽裕，但精神绝对富有。他们对自己有清醒的认识，也敢于面对真实的自己，既不自卑也不抱怨，而是选择积极地去改变现状，保持对生活的热爱，浑身散发着一种让人敬佩的力量。因为他们内心很强大，所以不太在意别人怎么看自己，也不怕被人笑话，就一门心思地做好自己。

陈峰，一个碧山县的普通青年，18 岁那年，他的人生轨迹因一场突如其来的家庭变故而彻底改变。原本在凤凰中学就读高中的他，在得知父亲因病离世的消息后，不得不提前结束学业，肩负起家庭的重担。

“父亲是家中的顶梁柱，他走了，整个家就垮了。”陈峰回忆起当时的困境，眼眶微微泛红。为了偿还父亲留下的债务，他毅然选择辍学创业，开始了漫长而艰辛的奋斗历程。

陈峰的第一站是餐饮业。他听说餐饮业赚钱快，便前往厨师学校学习厨艺，随后在自家门前开了一家小餐馆。然而，由于竞争激烈，缺乏经营经验，餐馆很快便因生意惨淡而关门大吉。

首次创业的失败并没有击垮陈峰，他迅速调整心态，开始在全国范围内寻找商机。夏天时，他来到石柱县新县城，开了一家夜宵摊，利用夜市啤酒的高利润来赚取生活费。然而，随着季节的更替，夜宵市场逐渐萎缩，陈峰不得不再次寻找新的出路。

在同乡的带领下，他开始在河南与新疆之间进行贸易。在河南和新疆的几年里，陈峰先后涉足手机销售和皮草物流生意。他凭借敏锐的商业嗅觉和不懈的努力，逐渐积累了一定的财富。然而，就在他事业蒸蒸日上之际，一场突如其来的变故再次将他推向了深渊。

陈峰特别信赖的一个中间人，在收了他的货款后，直接带着钱跑了，害得陈峰一下子亏了 10 多万元，那可是他辛苦好几年才攒下的钱。这事儿一出，陈峰心里别提多难受了，感觉天都塌了。但让人佩服的是，他没有一直消沉下去，而是从中吸取了教训，然后鼓足劲头，从头再来。

经过深思熟虑，陈峰决定转行做机械加工制造。他发现璧山地区有很多机械加工厂，效益普遍都很好，而且工艺技术相对简单。于是，他借钱购买了车床，开始构建生产线。虽然过程艰辛，但陈峰凭借自己的毅力和智慧，逐渐熟悉了整个生产流程。由于资金有限，陈峰只聘请了 5 名工人。为了节约成本，他常常需要亲自上阵，从检验产品到清关交付，每一项工作都亲力亲为。在工厂的车间里，他经常忙碌到凌晨才能休息，而第二天又要早早起床送货给客户。虽然辛苦，但陈峰从未抱怨过一句。

凭借着这种坚持不懈的精神，陈峰的机械加工厂逐渐走上了正轨。他的产品质量得到了客户的认可，订单也越来越多。很快，他的车床数量从最初的 2 个增加到 9 个，企业规模逐渐扩大。

然而，陈峰并没有满足于现状。他深知市场竞争激烈，要想在行业中立足，必须不断创新和突破。于是，他开始关注市场动向，发现北部地区的汽车制造业对齿轮的需求量很大。他迅速调整战略，开始为北方市场生产齿轮类产品。

为了打开销路，陈峰参加了郑州汽车大会。虽然他的展位不起眼，但他凭借真诚和热情赢得了客户的信任。一位商人主动找到他，经过一番洽谈后，签订了 10 万元的订单。这个订单对陈峰来说意义非凡，它不仅让他看到了希望，也让他更加坚定了自己的信念。

如今，陈峰从一个负债累累的年轻人成长为一名成功的企业家。他的企业年产值已经达到 500 万元，固定资产达到 250 万元。然而，他并没有停下脚步，而是继续学习新知识、探索新领域。他正在学习商业销售管理课程，并计划涉足电子商务领域以实现更大的事业发展。陈峰用自己的实际行动诠释了“逆风翻盘”的真谛，用坚韧不拔的毅力和勇往直前的精神将一手烂牌打成了人生王炸。

谋略智慧

一个热爱生活的人，必将被生活善待。即使身处山谷，也不忘仰望星空，用那颗热腾腾的心，把日子过成诗。因为他们始终相信，今生今世仅此一次，每个时刻，都值得被认真对待。人生跟打牌其实都是一样的，真正的高手无论拿到什么牌都能从容应对。因为他们明白，拿到好牌的人也可能把牌打烂，拿到一副烂牌也有机会翻身。

第四章 真诚和信用，是人生最好的担保

诚信是做生意最低的成本

“诚信”一词最早出自《管子》中的一句至理名言：“诚信者，天下之结也。”这句话深刻诠释了诚信作为社会行为准则的核心地位。诚信，从字面上理解，即内心保持真诚，不虚伪，外在则表现为恪守承诺，始终如一。它被视为每个人在社会上安身立命的基石，正如古人所云：“人无信不立。”

在商业领域，诚信的重要性尤为显著。在复杂的商业交易中，双方往往需要对彼此的信用状况进行详尽的考察与评估，以确保交易的稳健与安全。若企业或个人能够坚定不移地恪守诚信原则，其信用记录便会得到广泛的认可与尊重。这不仅有助于减少不必要的疑虑与纷争，降低交易成本，更能为企业或个人在商业世界中树立良好的声誉与形象。

胡雪岩是近代徽商代表人物，他的一生充满了传奇色彩。从一无所有到成为富可敌国的红顶商人，在清朝乱世中建立了商业帝国。他筹办钱庄、药店，为清军筹运饷械，赢得“活财神”和“江南药王”的美誉。

胡雪岩常言：“做人之道，在于信义。”商业交往与为人处世，其核心要义乃是一脉相承的。一个真正成就卓越的商人，必然也是一位信义卓著之人。

胡雪岩的阜康钱庄在刚开业不久，就迎来了一位特别的客人罗尚德。罗尚德，作为杭州绿营兵的千总，他的人生经历颇为传奇。早年因赌博欠下巨额债务，导致老丈人悔婚，他发誓要还清所有债务。

罗尚德投身军旅，经过数年的努力，终于成为六品武官。他节俭度日，终于攒下了1万两银子。然而，当被派往江苏与太平军作战时，因无亲人可托付，他便决定将这笔巨款存入阜康钱庄。他出于对阜康钱庄的信赖，以及战场上携带存折的不便，既未要求利息，也未索取存折。

得知这一情况后，胡雪岩当即决定，即便对方不要求利息，他仍按3年定期利率计算；即便没有字据，他也亲自立下凭证，交由刘庆生妥善保管。

然而，罗尚德在战场上殒命。临终前，他嘱托两位同乡前往阜康钱庄提取存款，并转交给家人。这两位同乡心中忐忑，没有凭证就前来取款，担心会遇到麻烦或阜康钱庄否认这笔存款。但令他们惊讶的是，整个取款过程异常顺利。除了需要证明他们与罗尚德的关系并请人作证，胡雪岩不仅如数归还了本金，还支付了利息。

罗尚德虽未留下任何凭证，协助取款的人与他也不甚熟悉，但阜康钱庄坚守信用，没有否认这笔存款。这一举动不仅赢得了罗尚德家人的感激，更让阜康钱庄的声誉在军营中迅速传开。众多官兵纷纷将积蓄存入阜康钱庄，愿意长期无息存放，为钱庄带来了大量的存款。

胡雪岩诚信经商的典范明确展示了商业经营与人格修养都必须以信

用为基石的重要性。缺乏诚信，仅仅依赖欺诈和诡计，企业的繁荣将是短暂的，无法长久持续。真正的成功建立在信誉的累积和客户的信任之上。

公元前 361 年，秦孝公登基，他怀揣着改变秦国命运的雄心壮志。为了寻找能助秦国崛起的英才，他发布了一道“求贤令”，承诺将重用能让秦国富强的贤士。这一消息吸引了众多有识之士，其中，来自卫国的公孙鞅（商鞅）看到了机会，决心前往秦国一试身手。

公孙鞅面见秦孝公，详细阐述了自己的治国理念和变法策略。他坚信，只有通过变法革新，秦国才能走向强盛。秦孝公听后深受启发，对公孙鞅的见解大加赞赏，并决定全力支持他的变法计划。于是，秦孝公封公孙鞅为左庶长，全权负责推行新法。

公孙鞅迅速拟定了一系列变法措施，但如何让这些法令得到百姓的认可和接受，成了他面临的一大难题。他深知，要让百姓信任新法，必须首先建立起国家的信誉。于是，他想出了一个巧妙的办法。

公孙鞅命人在国都栎阳市场南门竖立了一根 3 丈高的木杆，并张贴告示，承诺：“凡能将此木杆从南门扛至北门者，赏十金。”消息一出，立刻引来了众多围观者。大家议论纷纷，觉得此事太过蹊跷，无人敢轻易尝试。

公孙鞅见状，决定加大奖赏力度。他再次张贴告示，将赏金提高到五十金。这一下，人群中沸腾了。一个红脸的小伙子鼓起勇气，走上前来，扛起木杆便向北门走去。他边走边想：“即使被骗，也不过是搬了根木头而已。”

当小伙子将木杆扛到北门时，公孙鞅亲自上前迎接，并当场兑现了五十金的承诺。这一举动让在场的人无不惊叹，纷纷称赞公孙鞅言而有信。从此，公孙鞅在百姓中树立了极高的威望，他的新法也得以顺利推行。

在公孙鞅的领导下，秦国逐渐强大起来。他的诚信和决心不仅赢得了百姓的信任和支持，也为秦国的崛起奠定了坚实的基础。而那段“徙木立信”的佳话，也被后世传颂千古。

后来，同样立志推行改革的宋代大臣王安石写了一首诗来赞扬公孙鞅：“自古驱民在信诚，一言为重百金轻。今人未可非商鞅，商鞅能令政必行。”

诚信，作为社会交往与事业发展的基石，它不仅构成了个人品格的核心特质，更在成就一番事业中发挥着举足轻重的作用。纵观中国历史，诚信的典范比比皆是，众多杰出人物凭借其诚实守信的品格取得了非凡的成就。

春秋战国之交的“陶朱公”范蠡，便是其中的佼佼者。他不仅在商界展现出卓越的才华，更以诚信为本，赢得了广泛的赞誉。他的商业实践，不仅为后世留下了宝贵的经验，更因其高尚的品格而被尊为“中华商祖”。后世商人皆以他为楷模，供奉其塑像，以示对诚信经商的崇敬与追求。

谋略智慧

诚信不仅是个人修养的体现，更是事业成功的关键。在商业领域，诚信是赢得客户信任、建立良好声誉的基石。只有坚持诚信经营，才能赢得市场的认可，实现长期的繁荣发展。同时，诚信也是社会交往中的重要准则，它有助于建立良好的人际关系，促进社会的和谐稳定。

小信成则大信立，以信致远

“小信成则大信立”，这是战国末期思想家韩非子的一句名言，它深刻地揭示了建立诚信的本质：诚信并非一蹴而就的目标，而是源自日常生活中的点滴累积。就像水滴石穿，每一次小小的信用积累，都会汇聚成坚实的信任基石。

在日常生活的每一刻，我们都在与他人建立联系，而诚信则是这些联系中最宝贵的纽带。无论是微小的承诺还是重大的协议，我们都应坚守自己的诺言，用行动证明自己的可靠性。只有这样，我们才能逐渐建立起他人对我们的信任，进而形成更广泛、更坚固的信誉体系。

在古代，烽火台是军事防御体系中的重要组成部分，它用于传递敌情信息。一旦有敌人来犯，守军会立即点燃烽火，附近的烽火台见到火光后也会相继点燃，形成一条火线，将消息迅速传递至远方。然而，在周朝，却有一位昏庸无道的皇帝——周幽王，他因个人私欲而滥用烽火台，最终导致了国家的覆灭。

周幽王，一个沉溺于酒色之中的皇帝，对国家大事漠不关心，只知道追求个人的享乐。他有一个极其宠爱的妃子，为了博取她一笑，周幽王不惜一切代价。当得知点燃烽火台能引来诸侯军队时，他心生一计，决定以此逗妃子开心。

一天，周幽王带着妃子登上城楼，命人点燃烽火。远处的诸侯见到烽火后，误以为有敌军进犯，纷纷率兵前来勤王。然而，当他们气喘吁吁地赶到都城时，却发现这只是周幽王的一场玩笑。妃子见到诸侯们狼狈的样子，笑得前仰后合，周幽王也为此洋洋自得。

然而，周幽王却未能意识到自己的行为已经严重破坏了诚信。当他多次以同样的方式戏耍诸侯时，诸侯们开始对他的号令产生怀疑。当真正的敌人——犬戎国进犯时，周幽王再次点燃烽火，却无人前来救援。最终，周幽王被犬戎军队杀死，西周也因此灭亡。

若小信不守，则大信难立。周幽王为博妃子一笑，竟自演“烽火戏诸侯”的闹剧。细微之失，破灭众人所望，小处失信于人，最终致国家沦丧。

二战前，德国有家叫巴比纳信托行的小公司，它主要是为顾客保管贵重的东西。战争一打响，大家都忙着逃难，把自己的财物带走了。信托行的老板也跑了，但有个叫西亚的员工，她没有离开，还在那里整理账目。

战争很激烈，炸弹不停地轰炸信托行周围，但西亚好像没有被吓到。她整理完账目后，发现一个叫莱格的顾客的东西还没拿走，那是一颗非常贵的红宝石。西亚把红宝石和所有的文件都放进了一个小盒子里，然后带着账本离开了信托行。

没过多久，战争摧毁了巴比纳信托行。西亚也为了逃避战争而到处流浪，但她无论去到哪里都带着那颗红宝石和账本。她觉得自己是信托行的员工，有责任等到战争结束，把东西还给顾客。

战争终于结束了，西亚带着她的三个孩子回到了柏林。但信托行已经不存在了，老板也死了。西亚还是一直保管着红宝石和账本，因为她觉得那是顾客的东西，得一直保管好。很多年过去了，西亚一直没能找到工作，生活很艰难。其实，顾客莱格早在战争中去世了，那颗红宝石成了无主物，西亚完全可以卖掉它来改善生活，但她没有这么做。

1978年，政府要建一个战争博物馆，西亚就把红宝石和账本交给了政府。政府找到了莱格的孙子道尔，把红宝石还给了他。道尔想把宝石一半的价值给西亚，但西亚只收了这些年保管红宝石的费用。

西亚的故事传遍了整个城市，人们都被她的诚实感动。有人想请她当商会总顾问，但她觉得自己年纪大了就拒绝了。后来，几家大公司都找她，希望她当荣誉总裁，但也被她婉拒了。

西亚去世后，她的儿子克里斯被几家公司找上，他们想买断西亚的名字来命名他们的公司。克里斯让这几家公司竞争，最后，柏拉图信托公司花了80亿马克买下了西亚的名字。很多人都不理解，为什么一个名字能值这么多钱？

柏拉图公司的总裁说，西亚这个名字代表了一种精神，一种非常珍贵的诚信精神。他们愿意花这么多钱，因为这种诚信能帮助他们赢得人们的信任，从而带来更多的生意。后来，柏拉图信托公司就改名为西亚信托公司，生意也是蒸蒸日上。

谋略智慧

在市场经济中，资本的流动依赖于信任关系。当企业展现出高度的诚信时，投资者、合作伙伴和消费者都会对其产生信任，从而愿意与其进行交易和合作。这种信任关系促进了资本的有序有效流动，为企业带来了更多的发展机会。

过河不拆桥，给对方留后路

“过河拆桥”的行为在商界屡见不鲜，且普遍受到人们的诟病。这种为了利益而置道义于不顾，眼中只有金钱而无视人际关系的做法，实在令人难以接受。

那些采取“过河拆桥”策略的人，不要误以为在商海中能够一帆风顺。在他们试图阻止他人前进的同时，也断绝了自身的退路。一旦桥梁被拆除，他们自己也难以再回到原来的位置。长此以往，他们终将孤立无援，一旦遭遇困境，将毫无回旋余地，最终可能面临破产的境地。

因此，“过河拆桥”并非商战中的明智之举，至少不是长期可行的策略。虽然短期内可能获得一些利益，但声誉将因此受损。为了挽回声誉，不得不耗费大量精力向人解释，为自身辩护。最终算下来，得到的并不比失去的多。

彼得在杂志社默默耕耘多年，凭借他的勤奋和真诚，逐渐从一名普通编辑晋升为主编。他接手的并非都是引人注目的热门任务，但彼得和他的团队总能巧妙挖掘亮点，给老板带来意外之喜，这让他备受老板的赏识。此外，彼得还连续多年代表公司参加杂志评审工作，这在竞争激烈的杂志界是一项难得的荣誉。

对于许多人来说，能受邀参加年度杂志评审是梦寐以求的机会，但真正能年年受邀的却寥寥无几。彼得却是个例外，他每年都能收到评审的邀请函，这让同事们对他羡慕不已。

公司里有一位年轻的时尚主编，他在非常年轻时就获得了主编的位置，受到了大家的追捧和赞美。这位主编开始志得意满，认为自己比彼得更有资格担任杂志评审。

彼得非常欣赏年轻人的潜力和活力，于是他主动向杂志协会推荐了这位年轻主编，并成功让他加入了评审团。但彼得并没有因此退出，他坚持继续参与评审工作，希望用自己的经验为年轻人提供指导。

在评审过程中，彼得总是以鼓励和称赞为主，他会赞赏每本杂志的优点，同时以温和的方式提出改进建议。而这位年轻的时尚主编则不同，他过于关注他人的缺点，甚至不惜贬低其他作品来凸显自己的“睿智”。

评选结束后，那位年轻主编因过于苛刻和不尊重他人的态度被取消了下一届的评审资格。而彼得则因为他的谦逊和包容，赢得了许多人的尊重和喜爱。

在退休之际，彼得分享了他的成功秘诀：给别人留后路，就是给自己留后路。他认为，在公众场合多给予称赞和鼓励，少进行批评，能让所有人都感到被尊重。同时，在私下里给予建设性的意见和建议，才能真正帮助到他人。

刘毅，作为东晋时期的北府兵将领，曾在公元405年的一场战役中大败桓蔚。桓蔚在战败后，为了逃避刘毅的追击，匆忙逃至牛牧寺，乞求寺中的僧侣能为他提供庇护。

出于慈悲之心，当时的寺僧释昌决定帮助桓蔚，将他藏匿在寺中，使他成功躲过了刘毅的追捕，保住了性命。然而，这件事并没有逃脱刘毅的耳目。得知真相的刘毅大怒，下令将释昌处决，以儆效尤。

时光荏苒，7年之后，刘毅与另一位将领刘裕之间爆发了一场激战。在这场战斗中，刘毅遭遇惨败，他仓皇逃离战场，深夜中独自策马狂奔。

当他逃到牛牧寺附近时，发现自己已无处可逃，只能寄希望于这座寺庙能为他提供庇护。

然而，当刘毅闯入牛牧寺时，却遭到了僧侣们的拒绝。他们记得7年前释昌因为收留桓蔚而遭到的悲惨下场，因此坚决不再收留任何被官兵追捕的人。僧侣们将刘毅赶出寺庙，并紧闭了寺门。

面对紧闭的寺门和即将到来的追兵，刘毅感到绝望。他深知自己已无处可逃，长叹一声："天命如此，我何能逃？"说罢，他选择了上吊自尽，结束了自己的生命。

刘毅亲手斩断了自己的退路，终究是自食其果罢了。这样的结局，又能归咎于谁呢？历史与现实均证明，一个人的最终命运，往往与其处世之道紧密相连。

若能在平日里懂得为他人留有余地，那么在自身遭遇困境时，他人或许也会施以援手。然而，若是一味地将他人推向绝境，大难临头时自己也难以逃脱。

网络曾流传一句流行语："走别人的路，让别人无路可走。"刘毅的所作所为，恰恰应验了这句话，但这种行为最终只会害人害己。世间所有的苦果，皆是个人行为累积而成，怨不得他人。若当初他能饶恕那位僧人，或许结局便不会如此悲惨。

谋略智慧

《菜根谭》一书中有云："事事留个有余不尽的意思，便造物不能忌我，鬼神不能损我；若业必求满，功必求盈者，不生内变，必招外忧。"你若能给予他人一线生机，他日他人亦会为你留一条生路。若是一人行事不念及为他人留下余地，则必将自断其后路。

小商做事，中商做市，大商做人

在竞争超级激烈的生意场上，那些经常赢的人通常都是特别会跟人打交道的高手。他们做生意的原则很简单：说话做事得老实，但也不能死板，得会变通。就算市场环境再怎么变，他们也不会忘了为什么开始做生意，不会丢掉自己的原则和底线。说到底，做生意其实就是跟人打交道，通过买卖东西来交朋友，了解彼此的心。所以，想成为厉害的商人，先得把自己修炼好，学会怎么做人，这样生意才能越做越大。这也是成功商人与普通商人之间的根本区别。

商业活动与人品修养密不可分。商人可分为三类：只追求眼前利益的，注定只能是小商人；能够洞察市场动态的，或可有所成就；而将做人原则置于首位的，方能成为一代商业巨擘。

做人与经商之道相辅相成，而非相互排斥。最明智的商业策略便是“先做人，后经商”，即要在商业活动中坚守做人的原则。那些仅盯着金钱，甚至企图通过欺诈手段获利的人，终究难以成就大业。而那些明智且真诚的商人，他们深知做人的利害关系，以诚信待人，将人格转化为宝贵的无形资产，最终成就一番宏伟事业。

柯达，这个拥有百年历史的品牌，曾经融入我们生活的方方面面，也是摄影领域的佼佼者。乔治·伊士曼是柯达公司的缔造者，以其独特的商业洞察力和创新思维，成功打造了享誉全球的柯达品牌。1881 年，乔治·伊士曼注册了伊士曼干版公司，开启了其商业生涯。然而，在第二年，公司遭遇了产品质量问题。他毫不气馁，通过数百次试验最终确定了问题所在——明胶中的杂质。面对这一难题，他毅然决定回收所有次品，尽管这一决策几乎耗尽公司资金，但他深知信誉对于企业的长远发展至关重要。

事后，伊士曼坦言："尽管赔偿客户使我们面临资金困境，但我们赢得了更为宝贵的信誉。"他在 1888 年推出了划时代的"柯达"照相机，这款照相机以其简便的操作流程——拉线控制快门、卷动胶片、按动按钮——赢得了市场的广泛赞誉。伊士曼还巧妙地运用广告语"你按快门，剩下的交给我们"进一步巩固了柯达在消费者心中的地位。

柯达照相机的成功并非偶然，其卓越的设计、易用性和可靠性赢得了消费者的信赖。在推出后的短短一年内，柯达便售出了惊人的 13000 架照相机，这在当时无疑是一个巨大的突破。随着事业的蓬勃发展，伊士曼于 1889 年在英国伦敦成立了伊士曼摄影材料有限公司，进一步扩大了其市场份额。

到 1892 年，伊士曼意识到"柯达"这一品牌名称已深入人心，因此决定将公司更名为伊士曼柯达公司。他始终坚信信誉是企业发展的基石，凭借这份信念和不懈的努力，他赢得了广大客户的信赖与支持，最终取得了事业上的辉煌成就。

在商业经营中，信誉的重要性不言而喻。它不仅关乎企业的形象和声誉，更直接影响到企业的长期发展。一个注重信誉的企业才能赢得消费者的信任和支持，从而在激烈的市场竞争中立于不败之地。因此，每个经营者都应时刻铭记这一点，并将其作为企业发展的核心价值观。

敢于承担属于自己的责任，不仅是一个人的品格，更是一个生意人的品格。坑蒙拐骗，无所不用其极，也可以一夜暴富，但是如果想做大生意，就要学会承担，对自己负责，对他人负责。

托马斯作为一名商人，曾因未能及时回收资金而陷入经济困境，遂向友人借款 40 万美元。鉴于他无财产抵押，亦无存单作为担保，他仅向友人承诺："请相信我，我将在年底前归还这笔款项。"

然而，当年底到来时，托马斯仍未能摆脱财务困境，不仅未能收回外债，还背负了更多的债务。虽然他竭尽全力筹措资金，但仍只筹集到 20 万美元，剩余的 20 万美元令他束手无策。

托马斯的配偶见他愁眉不展，心疼地建议他向友人请求宽限两个月，但托马斯坚决拒绝。公司中的某位"智囊"提议他先行归还 20 万美元现金，余下部分则以空头支票形式支付，待资金充裕后再行兑付。然而，托马斯对此建议极为愤怒，认为此举缺乏诚信，遂毫不留情地解雇了这位多年的合作伙伴。

最终，托马斯决定以自家房产作为抵押向银行贷款。然而，银行评估后认为房产价值为 24 万美元，因此仅能提供 18 万美元的贷款额度。托马斯在深思熟虑后，与配偶商量，决定将房产以 20 万美元的低价出售，以筹集所需资金。经过一番努力，他终于还清了友人的借款。为此，他们一家不得不搬至市郊的平房内居住。

友人按时收回了借款，并计划在某个周末邀请其他朋友前往托马斯家聚会。然而，托马斯婉拒了这一邀请。友人对此感到困惑，便亲自前往探望。当他发现托马斯一家居住在简陋的平房内时，深受感动，紧紧拥抱了托马斯，并承诺今后将给予他更多支持。

次年，托马斯逐渐收回了外债，生意也逐渐步入正轨。他再次购置了新房和新车，恢复了往日的生活状态。然而，商海波涛汹涌，托马斯不幸被一家跨国公司盯上。该公司利用不正当手段抢占了他的市场份额，并联合其他企业骗取了他的货款。托马斯最终未能抵挡住这场冲击，陷入了破产的境地。他失去了所有财产，甚至背负了沉重的债务。

在走投无路之际，托马斯再次想起了那位曾经给予他巨大帮助的友人。他怀着忐忑的心情找到了友人，并请求再次借款。友人毫不犹豫地伸出了援手，再次借给他40万美元。托马斯紧握这张支票，坚定地表示："最多两年，我一定还清您的借款！"

在友人的支持下，托马斯再次投身商海。他吸取了之前的教训，更加谨慎地经营自己的业务。两年后，他不仅还清了所有债务，还赚取了丰厚的利润。当被问及成功的秘诀时，他深情地表示："是守约让我重新站了起来。无论口头还是书面承诺，我都会竭尽全力去遵守。守约让我赢得了他人的信任和尊重，也为我带来了无尽的机会。"

谋略智慧

在商业领域，信誉无疑是最为关键的素质。一桩生意的开端，即意味着一个良好信誉的奠基。信誉的树立，方能引来财富的汇聚，此乃商业道德之基石。正如为人处世之道，需秉持忠诚与义气，对于个人的每一言辞、每一承诺，均应铭记于心，并竭尽全力付诸实践。

中篇 谋事业

在商海打拼中，一个管理者需要具备眼光、胆识、自律、能屈能伸等品质，才能更有利于事业的成功。独具慧眼是成功的起点，让谋局者在复杂的信息中洞察先机，抢占高地。胆识与见识的完美结合，赋予冒险的勇气，同时保持清醒，稳健前行。自律是发展的基石，要求谋局者严于律己，抵御诱惑，持续进步。能屈能伸则是关键，让谋局者在顺境中谦逊学习，在逆境中坚韧不拔。这些品质相互交织，构筑了成功的基石，让谋局者在竞争中脱颖而出，实现自我价值，攀登事业高峰，书写辉煌篇章。

第五章
慧眼识局，眼光长短决定财富界限

你能看多远，财富就能陪你走多远

在现代社会，个人的财富积累往往与其洞察未来的能力息息相关。正如古人所言，“风物长宜放眼量”，一个人的眼界和格局的大小，直接决定了其赚钱能力的强弱以及人生轨迹的走向。

在大学的一堂课上，老师问了一个挺有意思的问题：人的眼睛到底能看到多远呢？有的同学很认真地说了，从科学上看，人的眼睛最远大概能看清 6 米远的东西，再远就看不清了。但有的同学想，如果站在高高的山顶上，空气又干净，那眼睛不是能看到几十千米远的地方吗？还有的同学开玩笑说，他们的眼睛厉害着呢，连太阳、月亮、星星都能“看到”，好像眼睛能跑到几十万、几百万千米远的地方去一样。

虽然这些回答听起来有点儿逗，但它们其实告诉我们一个挺重要的道理：很多时候，我们看东西、想事情的范围，是被我们自己的经历和想法给限制了。有时候，我们就像被大山挡住了视线，看不到山那边的风景，就是因为我们没试着换个更高的地方，或者用不一样的眼光去看。简单来说，就是别让自己的想法和经验困住了自己，要多想想、多看看，才能发现更多不一样的世界。

可口可乐，作为当今风靡全球的碳酸饮料翘楚，其辉煌的背后蕴藏着一段鲜为人知的故事和人物传奇。

回溯至1885年，在美国乔治亚州，一位名叫约翰·斯蒂斯·潘伯顿的医生，在地窖中巧妙地将苏打水、碳酸水与深色糖浆混合，创造出了一款起初作为药品使用的独特饮品。然而，这款饮品却因其出色的口感和令人愉悦的特性，意外地受到了一位病人的热烈追捧。这位病人不仅要求医生为他再次装满这款“药水”，还引领了整个村庄的人前来购买，使其迅速在当地名声大噪。

这一突如其来的市场反响让潘伯顿医生意识到，这款饮品除了药用价值，更有着巨大的商业潜力。于是，他将其命名为“可口可乐”，并尝试将其作为一种药品推向市场。

然而，1886年，当可口可乐在亚特兰大首次上市时，其销售情况并不如预期般火爆。正当潘伯顿医生感到困惑和迷茫时，一位名叫艾萨·凯德勒的富豪出现了。凯德勒因头疼而尝试了可口可乐，发现它不仅缓解了疼痛，更带来了愉悦的体验。这让他敏锐地洞察到了这款饮品在市场上的巨大潜力。

凯德勒果断出手，首先收购了潘伯顿医生手中的部分股份，并将可口可乐的定位从药水转变为纯粹的饮料。他凭借独到的商业眼光和灵活的思维方式，成功地将这款饮品推向了更广阔的市场。1892年，可口可乐有限公司正式成立，在凯德勒的精心策划和大力推广下，其销量迅速攀升，逐渐成为全球范围内备受人们喜爱的饮料之一。

为什么同样是可口可乐，潘伯顿医生只能将其作为药水销售，而艾萨·凯德勒却看到了其作为饮料的巨大市场潜力呢？关键在于两人的眼光和思维方式不同。潘伯顿作为医生，其思维受到职业的限制，难以跳出药品的范畴来看待这款饮品。而凯德勒则具备更广阔的视野和更灵活的思维，能够敏锐地捕捉到市场的脉搏，并准确地把握到可口可乐在饮料市场上的巨大潜力。

因此，我们不难看出，长远的眼光对于一个人的成就至关重要。艾萨·凯德勒正是凭借其独到的眼光和敏锐的洞察力，成功地将可口可乐推向了全球，成为最受人们喜爱的饮料之一。

在一般人的认知中，拾荒者往往与贫穷紧密相连，期望通过拾荒实现暴富的想法更是遥不可及。然而，现实证明了这一观念的局限性，因为有人确实通过拾荒做到了这一点。

沈阳有一位以拾荒为生的个体户，他独具慧眼，发现了一种独特的财富增长途径。他观察到，虽然单个易拉罐的回收价值微薄，但若是将其熔化作为金属材料出售，其价值将大幅提升。基于这一想法，他进行了实践探索，将一个空易拉罐剪碎、熔化，并送至市有色金属研究所进行化验。化验结果揭示，这些易拉罐的成分主要由贵重的铝镁合金构成。

当时市场上铝锭的价格在每吨 14000 元至 18000 元，而每个易拉罐的重量为 18.5 克，这意味着 54000 个易拉罐即可达到 1 吨。经过计算，他发现熔化后的材料销售比直接出售易拉罐能带来六七倍的经济收益。因此，他决定专注于回收易拉罐并进行熔炼。

这一转变不仅改变了他的工作内容，也引领他走上了截然不同的人生道路。为了扩大回收规模，他提高了回收价格，并将回收信息及指定收购地点印制成卡片，广泛分发给同行。不久后，他收到了大量易拉罐的供货，其中一天就回收了 13 万多个，重达两吨半。

他的同行们继续从事着传统的拾荒工作，而他则彻底改变了自己的命运。他迅速成立了一家金属再生加工厂，利用回收的易拉罐炼制铝锭。短短一年内，该厂就生产了 240 多吨铝锭，并在 3 年内为他带来了 270 万元的收益。他成功地从一名“拾荒者”蜕变为百万富翁。

这位拾荒者的故事深刻体现了眼光对于财富积累的重要作用。他不仅能从日常生活中发现商机，还能通过独到眼光和实际行动将其转化为实际收益。他的成功并非偶然，而是缘于他独特的思维方式、敏锐的市场洞察力和勇于尝试的精神。

谋略智慧

比尔·盖茨曾言：“我始终秉持着前瞻性的视野来审视世界。”同样，在《红顶商人胡雪岩》一书中也有深刻的洞见：“如果你拥有一县的眼光，那你可以做一县的生意；如果你拥有一省的眼光，那么你可以做一省的生意；如果你拥有天下的眼光，那么你可以做天下的生意。”

独到的眼光，能挖掘无限商机

在竞争激烈的商业世界中，只有那些拥有独到眼光的人，才能洞察先机，把握住稍纵即逝的商机。他们不仅具备深厚的专业知识，更有着对市场敏锐的洞察力和对消费者需求的深刻理解。这种独到的眼光，让他们能够在复杂的商业环境中，准确地识别出那些具有潜力的项目，从而抢占市场先机。

拥有独到眼光的人，善于从纷繁复杂的信息中提炼出有价值的内容，他们能够从不同的角度看待问题，发现别人忽视的机会。这种能力不仅体现在对市场的分析上，更体现在对消费者需求的精准把握上。他们知道如何根据消费者的心理和需求，设计出符合市场趋势的产品或服务，从而赢得消费者的青睐。

珍妮，在投身创业之前，是一名普通的银行职员。她与其他职场女性相仿，热衷于穿着当时风靡一时的长筒丝袜。这种丝袜与裙装搭配，既凉爽又得体，使女性们在炎热的夏季中得以摆脱厚重长裤的束缚。

然而，珍妮很快便发现这种长筒丝袜存在一个显著问题：一旦穿着时间稍长，袜子的顶端便容易回缩。这种不便在她为客户办理业务或洽谈商务时尤为明显，常常让她陷入尴尬境地，不得不频繁找借口前往卫生间进行调整。

这个问题让珍妮深感困扰，她开始思考：是否其他女性也面临着同样的烦恼？若此问题普遍存在，是否有可能找到解决方案，并将其转化为商机？

某日，当珍妮正与一位重要客户交谈时，丝袜再次回缩，她决定采取行动。她取下头上的丝带，将其一分为二，巧妙地使用发夹在丝袜顶端打出小孔，并将丝带穿过，系在内裤上。这一应急方法竟出奇地有效，她的丝袜一整天都未曾滑落。

珍妮立刻意识到，这是一个潜在的巨大商机。她认为，若在长筒丝袜的顶端加入吊带设计，不仅能够解决滑落问题，还能为女性提供更加舒适和便捷的穿着体验。于是，她毅然决定辞去银行工作，开设一家专注于丝袜改制的店铺。

在店铺中，珍妮凭借高效和专业的手法，仅需短短5分钟便能为一双丝袜加上吊带。这一创新服务迅速获得了广大女性顾客的青睐，她们纷纷前来寻求改制服务。随着业务的蓬勃发展，珍妮积累了可观的资金。

随后，她利用这些资金建立了自己的工厂，开始专门设计生产吊带丝袜。在生产吊带丝袜的基础上，她不断研发创新，推出了更为便捷和舒适的裤袜产品。这些产品逐渐在市场上赢得了良好的口碑和广泛的认可，销售额持续攀升。

如今，珍妮在美国和加拿大已成功开设了十几家分店，她的公司资产已达数百万美元。她的成功不仅源自对商机的敏锐洞察和独到眼光，更在于她对女性需求的深刻理解和持续创新的精神。

然而在创业道路上，盲目跟风是一大忌讳。在如今高度全球化的经济市场中，寻找一个完全未被涉足的商业领域几乎成了一项不可能完成的任务，但这并不意味着缺乏创新和商机的空间。

要为自己创造有利的商机，同样离不开培养独到的商业眼光。创业者需要学会在这个充满竞争的时代中，深入洞察市场趋势，挖掘那些具有独特商业潜质的领域。通过敏锐地捕捉市场变化，创业者可以将引导流行趋势的机会牢牢掌握在自己手中，进而将更多的财富汇聚于自身。

日本著名的企业家古川久好，其创业之路始于对报纸上一则普通信息的敏锐洞察。在年轻的时候，他在一家公司担任职级较低的职员，负责文书、跑腿和整理报刊材料等工作。虽然工作艰辛且薪资微薄，但古川久好始终怀揣着赚大钱的梦想。

有一天，他在整理报纸时，发现了一篇关于美国商店情况的专题报道，其中提及自动售货机。报道指出，自动售货机在美国各地广泛应用，其无须人工值守、24 小时营业的特性为人们提供了极大的便利。古川久好敏锐地意识到，随着时代的进步，这种新型售货方式在日本也将逐渐普及，并具备巨大的商业潜力。

他意识到这是一个千载难逢的商机，尤其对于像他这样资金有限的创业者来说，自动售货机项目尤为适合。于是，他向亲友借款，筹集了 30 万日元，购买了 20 台自动售货机，并将它们放置在酒吧、剧院、车站等公共场所，销售日用百货、饮料、酒类、报纸杂志等商品。

古川久好的这一创新举措迅速取得了成功，自动售货机以其新颖和便捷的特点受到了消费者的热烈欢迎。第一个月，他的自动售货机便为他带来了 100 万日元的收入。随着经营规模的扩大，他不断将赚取的利润再投资于自动售货机业务，短短 5 个月内，他不仅还清了所有借款，还净赚了 2000 万日元。

古川久好的成功并未止步于此。他敏锐地观察到市场上对自动售货机的需求不断增长，于是决定自己投资建厂，研发和生产“迷你型自动售货机”。这种产品具有小巧可爱的外观和实用功能，同时美化了市容，因此受到了市场的热烈追捧。

古川久好的创业经历充分展示了企业家应具备的敏锐眼光和独到见解。他通过对市场信息的深入分析和利用，先于竞争对手作出正确的经营决策，从而在激烈的市场竞争中找到了自己的立足之地。

因此，在挖掘商业潜质时，创业者应关注消费者的需求变化、行业发展的新兴趋势以及技术革新的应用前景。通过深入研究这些领域，创业者可以发现新的商业机会，开发出满足市场需求的产品或服务。同时，创业者还应注重品牌建设和市场推广，以独特的品牌形象和营销策略吸引消费者，赢得市场份额。

谋略智慧

当创业者遇到商机时，必须立刻行动，因为任何迟疑都可能使商机转瞬即逝。正如一位名人所言："决策之前需深思熟虑，决策之后则必须坚决果断。"

富贵往往藏在大众选择的背后

在企业做重要决定的时候，虽然很多人会按“少数服从多数”的原则来做，但这不代表大多数人说的就是对的。要想找到真正正确的路，我们每个人都要自己动脑筋想，有自己的主意，千万不要盲从。

很多时候，大家因为心里没底，就容易跟着大多数人选，即所谓的“羊群效应”。其实，大家知道的、看到的东西都有限，对以后的事也拿不准。但你知道吗？那些真正的好机会和好东西，往往都是大家没注意到的，得是那种有勇气不跟着别人、自己想办法的人才能找到和抓住。

在做出企业决策时，我们必须避免从众心理的影响。保持独立思考，勇于挑战传统观念，敢于做出与众不同的选择。只有这样，我们才能抓住那些被大众忽视的机会，引领企业走向更加光明的未来。

在20世纪60年代的美国股市，道琼斯指数迈过了千点大关，股市的空前繁荣引发了全民投资的热潮。投资者们普遍视股市为稳赚不赔的乐园，纷纷涌入市场抢购股票，推动股价不断飙升，屡破新高。在当时，连街头的儿童都能对股市的每日波动进行条分缕析，整个社会被浓厚的投资氛围笼罩。

然而，在这股投资狂潮中，巴菲特却独树一帜地保持了冷静与理性。他发现市场上的股票普遍被高估，难以找到价格合理的投资标的。因此，他做出了一个出人意料的决定——退出股市。通过关闭自己的投资公司，巴菲特成功避免了随后股市崩盘所带来的巨大损失。当其他投资者因持有毫无价值的股票而悔恨不已时，巴菲特却得以保持财务的稳健。

进入 20 世纪 70 年代，美国遭遇了石油危机，导致了严重的通货膨胀和经济萧条，华尔街也遭受了前所未有的冲击。1974 年 9 月，道琼斯工业指数暴跌至 607 点，创下了历史新低。整个美国笼罩在经济危机的阴影之下，投资者们对股市的糟糕表现感到束手无策。

然而在这样的困境中，巴菲特看到了机会。他凭借敏锐的洞察力和独到的投资眼光，选择了那些他认为值得投资的优质公司股票，并进行了大量收购。在接受《福布斯》杂志采访时，巴菲特直言不讳地表示：“现在是最佳的投资时机！”尽管当时的人们难以理解他的观点，但随着时间的推移，巴菲特的远见卓识得到了验证。随着美国经济的复苏和股市的回暖，巴菲特在经济危机期间购买的股票价格开始成倍增长，他的个人财富也迅速累积。到 1982 年，他的个人财富已经飙升至 2.5 亿美元。

巴菲特的经历深刻启示我们，想要获得成功，必须具备超越大众判断的定力，善于发掘那些被他人忽视的机会。财富往往隐藏在人们忽视的角落，等待着那些具有远见和勇气的人去发掘。当我们感受到“群众心理”的影响时，不妨借鉴巴菲特的经验，保持冷静的头脑，探寻属于自己的财富之路。

在我故乡的菜市场中，表姐名气非常大，她从一个不起眼的摊位起步，每日辛勤工作，凭借出色的经营智慧，将蔬菜生意经营得风生水起，赢得了当地老百姓的赞誉。然而，一位亲戚在目睹了表姐的成绩后，陷入了盲目的模仿和从众的误区，结果却是大相径庭。

这位亲戚原本经营着一家服装店，虽然业绩平平，但尚能维持生计。然而，当他目睹表姐摊位生意兴隆的场景后，心生羡慕，误以为只要简单地复制表姐的经营模式，便能复制其成功。于是，他毅然决然地转让了服装店，在菜市场租下一个摊位，开始涉足蔬菜销售行业。

然而，现实却给了他沉重的打击。虽然他与表姐拥有相同的进货渠道、相同的地段和位置，甚至相同的售价，但他的摊位却始终门庭冷落，顾客稀少，而表姐的摊位依旧熙熙攘攘，人头攒动。

我对表姐的成功秘诀深感好奇，曾多次向她请教。然而，她总是以微笑回应，轻描淡写地表示这是她的“商业秘密”。于是，我决定仔细观察表姐的经营方式，希望能够从中找到答案。

经过一段时间的细致观察，我逐渐发现了一些微妙的差异。表姐总能迅速周转货物，确保蔬菜的新鲜和品质；她总是面带微笑，热情地为顾客挑选蔬菜，甚至不惜让顾客占些小便宜。这些看似微不足道的细节，却让她赢得了众多顾客的信任和喜爱。

更重要的是，表姐巧妙地利用了人们的从众心理。她通过提供优质的服务和优质的产品，吸引了大量的回头客。这些顾客在享受了表姐的周到服务后，纷纷向亲朋好友推荐她的摊位。口碑相传，表姐的摊位逐渐在菜市场树立了良好的品牌形象，吸引了更多的顾客前来购买。

而那位亲戚，由于缺乏表姐的智慧和策略，只是盲目地模仿了她的经营模式，却未能领会其中的精髓。他忽视了与顾客的沟通和互动，未能建立起自己的品牌形象和口碑。因此，虽然他拥有与表姐相同的条件，却未能复制表姐的成功。

这个事情让我深刻领悟到，从众心理虽然普遍存在，但盲目模仿却往往无法带来真正的成功。我们需要学会独立思考和判断，找到适合自己的发展道路。在经营生意或为人处世时，我们都应该“取其精华、去其糟粕”，不断学习和提升自己。只有这样，我们才能在竞争激烈的市场中立足，实现自己的价值。

谋略智慧

在商业圈子里，要想成功，就得有自己的想法和主意，不能老跟在别人屁股后面跑。得看明白新东西是不是真有用，有没有风险。更厉害的是，得有胆子去试那些别人不敢想的新方法，哪怕这会让你走出舒适的小圈子。

为什么这么做重要呢？因为如果你总是跟风，就可能掉坑里，浪费钱和时间。而且，大家都一样的话，你的公司就没有特别的了，别人为什么要选你呢？但是，如果你坚持自己的想法，就能找到别人没看到的机会，让你的公司变得独一无二，这样你就能在竞争中站得住脚，一直往前发展。

选择目标比选择财富更重要

在经商或职场环境中，企业和个人都得有个明确的目标，这目标可不光是赚钱那么简单。它就像是企业的指南针，告诉企业往哪儿走，为什么走。有了这个目标，企业就知道该怎么利用资源，如何统筹规划，这样一来，干起活来就更有效率，赚的钱也更多。

对个人来说，目标也是非常重要的。它能够帮你规划好职业道路，让你知道自己想干什么，该往哪儿使劲。有了目标，你就能看清自己的长处和短处，找到最适合自己的路。目标还能让你更有动力，更主动地去做事，实现自己的梦想，活出自己的价值。

1952 年 7 月 4 日清晨，加利福尼亚的海岸线被浓雾遮蔽。在距离海岸 21 英里的卡塔林纳岛上，34 岁的费罗伦丝 • 查德威克毅然跳入太平洋，她立志成为首位成功游过该海峡的女性。此前，她已经创下了从英吉利海峡游过的壮举，成为首位从英法两岸横渡的女性。

然而，当天早晨的浓雾给她的挑战增加了额外的难度。她几乎无法辨认出为她护航的船只。时间一点一滴地流逝，成千上万的人们通过电视屏幕紧盯着她的每一次动作。在游泳的过程中，她遭遇了鲨鱼的威胁，但幸运的是，这些危险都被及时化解。

对她而言，渡海游泳中最大的挑战并非疲惫，而是刺骨的海水。在游了 15 个小时之后，她感受到寒冷的海水已经将她的身体冻得麻木。此时，她的母亲和教练在另一条船上向她传达着鼓励，告诉她距离加州海岸已经很近了。然而，由于浓雾的遮挡，她无法看到前方的陆地，这让她感到绝望。最终，她作出了艰难的决定，要求被拉上护航船。

回到船上，她感受到了久违的温暖，但失败的苦涩却让她心情沉重。面对记者，她坦诚地表示："我并非在为自己找借口。若我能看见陆地，我或许能够坚持下去。"

人们惊讶地发现，她当时距离加州海岸仅半英里之遥。查德威克事后反思，她之所以放弃并非因为疲惫或寒冷，而是因为她无法看到前方的目标。在她的游泳生涯中，这是她唯一一次未能坚持到底。然而，两个月后，她再次挑战自我，成功游过了卡塔林纳海峡。她不仅成为首位游过该海峡的女性，还以比男子快 2 个小时的成绩刷新了纪录。

查德威克的成就证明了目标的重要性。她的经历告诉我们，在追求看似不可能的任务时，明确的目标能够为我们提供强大的动力。只有当我们能够清晰地看到前方的目标时，我们才能够坚持到底，战胜一切困难。

1984 年，东京国际马拉松邀请赛上，日本选手山田本一以黑马之姿摘得桂冠，震惊了全球体育界。当被问及取得如此卓越成绩的原因时，他淡然回应："凭智慧战胜对手。"这一回答在当时引发了广泛质疑，因为马拉松赛通常被视为体力与耐力的较量，智慧在此似乎并不占主导地位。

两年后，意大利国际马拉松邀请赛在米兰举行，山田本一再次代表日本出征，并成功卫冕。当记者再次问及他的成功秘诀时，他依旧保持沉默寡言，简单地重复了"用智慧战胜对手"的答案。尽管记者们未再公开挖苦，但山田本一所提及的"智慧"依然令人费解。

直至 10 年后，这一谜团终于在他的自传中得以揭晓。山田本一透露，每次比赛前，他都会乘坐车辆仔细勘察比赛线路，并将沿途醒目的标志作为自己的小目标进行标记。例如，第一个目标可能是银行，第二个目标是一棵大树，第三个目标则是一座红房子，以此类推直至赛程终点。比赛伊始，他便以百米冲刺的速度向第一个目标发起冲击，待达成后，又以同样的热情与速度向下一个目标进发。通过这种方式，他成功地将长达 40 多千米的赛程分解为若干个小目标，并逐一攻克。

山田本一的故事深刻地揭示了目标的重要性。一个远大的目标能够激发我们内心的潜力，但若目标过于遥远，我们可能会因长时间无法达成而气馁，甚至产生自卑感。山田本一为我们提供了一个实现远大目标的有效方法，即在大目标下设立多个小目标，通过逐步实现这些小目标来最终达成大目标。

设定一个正确的目标并非易事，而实现目标则更为艰难。将一个大目标科学地分解为若干个小目标，并将其落实到日常生活中的每一件事上，无疑是一种高明的智慧。

我们在做事时，不妨借鉴山田本一的方法，将目标进一步量化、分解，使其更加具体、可测。这样，我们便能更加高效地实现目标，从而在职场和生活中取得更大的成功。

谋略智慧

在现实生活中，人们常常陷入缺乏动力的困境，对生活感到厌倦和迷茫，这往往缘于缺乏明确的目标。哈佛大学的研究表明，成功的起点往往在于设定一个清晰、具体的目标。一旦确立了目标，我们便能激发出内在的强大动力，迈向成功。你想要塑造怎样的人生，完全取决于你为自己设定了什么样的目标。

第六章 智者造势，能者借势，明者顺势

内悉人情，外具大略

何谓“内悉人情”呢？其实就是那些擅长洞悉人心、深刻理解人性奥秘的人。他们在人际往来的世界中游刃有余，能够敏锐地捕捉他人的情绪变化，理解并满足他人的真实需求。在职场中，他们总是能够巧妙地处理与同事、上下级之间的关系，用智慧化解冲突，极大地增强团队的凝聚力。他们懂得站在他人的角度思考问题，这种深刻的同理心使他们成为值得信赖的合作伙伴和朋友。

与此同时，“外具大略”，则是拥有高瞻远瞩的战略眼光，能够洞察事物发展的长远趋势。在制订计划和决策时，他们不仅关注眼前的利益，更是将目光投向了未来的长远发展。在复杂多变的市场环境中，他们能够迅速捕捉机遇，准确判断风险，为企业的发展指明方向。这种人

在企业经营中发挥着至关重要的作用，他们制定的战略规划能够引领公司不断向前发展，实现长期的繁荣和稳定。

历史上如鲁肃、诸葛亮等杰出人物，他们既“内悉人情”又“外具大略”，他们的智慧和才能影响了历史进程。

《隆中对》无疑是历史上一部闪耀着智慧光芒的名篇，它不仅展现了诸葛亮的卓越才华，更为他作为一代杰出丞相奠定了坚实的基础。然而，令人吃惊的是，在《隆中对》问世的前7年，另一位杰出的谋士已经为孙权精心布局，提出了东吴版的“隆中对”，这一战略同样为孙权指明了三分天下的宏伟道路。

这位谋士，就是鲁肃。在《三国演义》的描绘中，鲁肃被赋予性格懦弱、平庸无奇的标签，这一形象使他在世人心目中被严重低估。然而，当我们深入了解历史，便会发现，鲁肃其实是一位内悉人情、外具大略的顶级战略家。

鲁肃，三国临淮东城（今安徽省定远县）人，自幼失去父母，由祖母悉心抚养。他虽出身于富裕之家，却慷慨大方，常常散财行善，购买田地赠予他人，因此被同族误解为“败家”。

当时，周瑜和鲁肃并不认识。有一天，周瑜突然上门，直接向鲁肃借粮。鲁肃没多想，直接告诉周瑜：“我家有两个粮仓，你随便选一个拿吧。”在那个战乱频繁的年代，粮食可是宝贝，这几十吨粮食可说是价值不菲。鲁肃这么爽快地借粮，让周瑜对他刮目相看，两人就这样结下了深厚的友情，成了好朋友。

从这件事情看，鲁肃不仅是个有智谋的人，而且还深通人情。借粮这年，江淮地区大旱，田里都没收成，街上到处都是饿肚子的人，军队里也缺粮。周瑜带了一大帮人来借粮，一看就知道他这次是非借到不可的。鲁肃心里明白，硬碰硬肯定不行，周瑜带的是精锐部队，不是闹着玩的。所以，他顺水推舟，直接借粮，既避免了冲突，又做了个顺水人情。

鲁肃被袁术赏识，但他觉得袁术难成大器，于是选择离开。后来，在周瑜的推荐下，鲁肃加入了东吴，开始了他的智囊生涯。

孙策去世后，孙权接管了江东。周瑜向孙权推荐了鲁肃。当时孙权府上宾客众多，鲁肃并未立即发言，待宾客散去后，孙权特意单独召见了鲁肃。

孙权对鲁肃说："天下大乱，我想像齐桓公、晋文公那样辅佐汉室，先生有何建议？"鲁肃反问："汉高祖刘邦也想辅佐义帝，为何没成功？"孙权答："因为项羽杀了义帝。"

鲁肃直言："曹操现在掌控朝廷，比项羽更厉害。将军您不可能像齐桓公、晋文公那样辅佐汉室了。"

孙权请鲁肃直言。鲁肃说："汉朝已不行，短期也除不掉曹操。我们应守好江东，等待时机。现在北方正乱，我们可以趁机拿下黄祖和刘表的荆州，控制长江以南。等时机一到，再称王图天下，建立像刘邦那样的大业。"

在诸侯纷争、势力割据的乱世中，鲁肃为孙权清晰地指明了江东的未来发展方向，展现了他的才华。然而，那时的孙权内心却充满疑虑：他继承了哥哥孙策留下的江东基业，但当地的士族集团并未完全臣服，他们一直在观望，孙权想要统领这些士族并不容易。

建安十三年，曹操大军南下，攻占了荆州。孙权面临两个选择：要么战斗，要么投降。朝堂上，许多人主张投降，包括重臣张昭。但鲁肃却选择沉默，直到孙权去上厕所时，他才跟上。孙权问鲁肃有何话要说，鲁肃直言："我们投降了曹操，或许还能谋个一官半职，但将军您投降后，曹操能给您什么位置呢？"

鲁肃的进言技巧确实高明，他巧妙地选择了私密场合向孙权详细阐述了抵抗曹操的重要性，此举既避免了在朝堂上直接与大臣张昭产生冲突的尴尬，又给予了孙权足够的空间来表达其真实的想法。鲁肃通过强调孙权投降后可能面临的尴尬处境，成功地坚定了孙权抵抗曹操的决心。

此外，鲁肃还提出了联合刘备的战略，他看中了刘备作为汉室皇叔的身份，认为这不仅能增强孙权的政治影响力，还能以讨伐汉贼的名义与曹操对抗。在孙权决定抵抗曹操后，鲁肃迅速行动，成功促成了孙、刘之间的联盟，为后来的赤壁之战奠定了坚实的基础。

毫不夸张地说，鲁肃之于孙权，正如诸葛亮之于刘备，荀彧之于曹操，都是各自君主不可或缺的智囊与股肱之臣。假若鲁肃能多活几年，他必将在更多方面展现其卓越的才能，天下形势也必将因此发生巨大变化，东吴亦有可能在中原逐鹿的舞台上大放异彩。

谋略智慧

要内悉人情、外具大略，关键在于深入理解人心，洞察他人需求与动机，并广泛涉猎以捕捉人际交往中的微妙变化。同时，通过持续学习与实践，不断积累知识与经验，增强洞察力和判断力。

勤能补拙，逆境立志

无论是创业还是工作，我们不得不承认天赋的重要性，但后天的努力和勤奋同样不可或缺。它们就像是我们的秘密武器，能帮我们弥补不足，让我们变得更好，甚至超越自己。想想看，成功并不是天上掉馅饼，而得靠我们自己一步一个脚印走出来。

历史上那些了不起的人，他们之所以能成功，大多是因为他们不怕苦、不怕累，一直努力、一直奋斗。卡耐基说："人在身处逆境时，适应环境的能力实在惊人。人可以忍受不幸，也可以战胜不幸。"这是因为每个人内心都蕴藏着巨大的潜能，只要我们立志去发掘和释放这份潜能，就定能克服重重困难，实现自我超越。

因此，当外部环境给我们带来挑战时，我们应坚定信念，以勤奋为驱动力，不断弥补自身的不足，坚定地朝着更高的目标前进。

曾国藩，晚清时期杰出的政治家、战略家，湘军的创始者，其影响力深远且多面。不仅在军事领域建树卓越，他还积极投身于中国现代造船业的启蒙与发展，堪称航海人才培养的先驱。此外，曾国藩更亲手创立了中国历史上首个近代兵工厂——安庆内军械所，并大力推动留学教育，为后世输送了众多赴美深造的精英学子。

在晚清政坛，曾国藩与李鸿章、左宗棠、张之洞并称为“中兴四大名臣”，且位居其首，逝后更获谥号“文正”，被后世尊称为“曾文正公”。尤为值得一提的是，李鸿章乃其得意门生，二人携手创办了江南机器制造总局，这一创举标志着中国正式迈入机械化大生产的新纪元。

然而，这位日后的显赫人物，早年却并非天资聪颖之辈。曾国藩于弱冠之年仍致力于秀才之试，前后历经 6 次挫败，其父曾麟书亦曾有 17 次秀才落榜之经历。家族数代皆寄望于通过科举改变命运，而曾国藩作为长子，肩上之重担可想而知。尽管外界普遍认为其才智平平，曾国藩却凭借着一股坚韧不拔的毅力，持续耕耘于学海之中。

某夜，曾国藩于家中苦读，一篇短文反复诵读，直至深夜仍未能成诵。此时，一名窃贼潜入屋内，原拟待其入睡后行窃，不料曾国藩竟彻夜未眠，专注于背诵。窃贼终因不耐其冗长背诵而现身，非但未行窃，反而嘲讽其愚钝，并当场流畅背诵该篇，随后离去。此番遭遇对曾国藩触动颇深，可想当时他有多么尴尬。

但是他并没有气馁，他笃信“勤能补拙”的道理，无论面对何种艰难困苦，皆以不懈之努力克服。

最终，曾国藩凭借坚持不懈地勤奋与努力，成功跨越重重障碍，先后考中秀才、举人，并于道光十八年进士及第，步入翰林院，开启了其辉煌的政治生涯。尽管时人如左宗棠、梁启超等曾对其才智颇有微词，称其为“才略太欠”“最钝拙”，但曾国藩以其实际行动证明了“勤能补拙”的道理，终成晚清时期最为耀眼的政治明星之一。其传奇经历激励着后世无数人以勤奋为舟，破浪前行，追求卓越。

“勤能补拙是良训，一分辛苦一分才。”这句古训告诉我们，即使天赋并不出众，但通过不懈的努力和持续的付出，我们仍然能够弥补自身的不足，取得卓越的成就。在这个过程中，坚持的力量显得尤为重要。

在人生的道路上，我们难免会遭遇各种逆境和挑战。这些逆境可能来自外界的压力、自身的局限或是不可预见的变故。然而，正是在这些逆境之中，立志坚持的品质才显得尤为宝贵。它如同黑暗中的一盏明灯，指引着我们前行的方向，让我们在困境中不失方向，不放弃希望。

宋濂，明朝初年的杰出文学家与诗文大家，其成就背后，是一个个关于勤奋与坚持的动人故事。自幼家境贫寒，未能阻挡他对知识的无限渴望。在无书可读的日子里，他化身为知识的搬运工，不辞辛劳地借书抄录，即便是寒冬腊月，砚池凝冰，手指僵硬，也未曾停下手中的笔，这份对学问的执着与热爱，让人动容。

为求学问，宋濂不辞辛劳，远赴他乡，遍访名师。面对师长的严厉教诲，他始终保持谦卑之心，虚心求教，即便遭受误解与训斥，也从未有过丝毫退缩。他以实际行动诠释了“学海无涯苦作舟”的真谛，用汗水与泪水铺就了一条通往成功的道路。

终于，宋濂的才华与努力得到了认可。明朝建立后，他被朱元璋赏识，征召入朝，担任要职。从给太子讲经，到主持修撰元史，再到担任翰林学士承旨，知制诰，礼部主事，他一步步走到了权力的巅峰，更在礼乐宪章的制定中留下了自己的印记。他的诗文名扬四海，成为后世传诵的经典。

然而，宋濂深知这一切得来不易。晚年，他回顾自己一生的坎坷与奋斗，写下了《送东阳马生序》，以亲身经历告诫后人：成功并非偶然，而是勤奋与坚持的必然结果。在逆境中，他选择了坚持与努力，而非抱怨与放弃；在困难面前，他展现了非凡的勇气与毅力，最终成就了自己的辉煌人生。

宋濂的故事告诉我们：无论出身如何贫寒，环境如何恶劣，只要我们拥有坚定的信念、不懈地努力和面对逆境时的坚持与勇气，就一定能够找到属于自己的光明事业。让我们以宋濂为榜样，勇敢地面对生活中的挑战与困难，用勤奋与坚持书写属于自己的精彩人生。

谋略智慧

坚持去做好一件事，不仅仅是对自身能力的锻炼和提升，更是一种对自我信念的坚守和追求。在这个过程中，我们会遇到无数的困难和挫折，但正是这些经历塑造了我们的坚韧和毅力。我们学会了在失败中吸取教训，在困境中寻找机遇，在挑战中不断成长。

有胆有识，时刻保持清醒

胆识，是一种结合了勇气和智慧的品质，对每个人追求梦想和应对挑战都非常重要。它不仅仅是在关键时刻敢于站出来，更重要的是在行动之前要好好考虑，在困难中也要保持清醒的头脑。

有胆识的人，面对不确定性和风险时，不会随便行动，而是会先用自己的知识和经验来判断，就像是用一盏灯照亮前方的路。他们知道，每个决定都需要认真考虑，每次行动都要有准备。这样的胆识让他们在面对挑战时更加镇定，能够抓住最好的时机，做出对自己最有利的选择。

同时，胆识也要求我们在成功与失败之间保持一颗平常心。面对成功，不骄不躁，继续前行；面对失败，不气馁，不放弃，勇于总结经验教训，为下一次尝试做好更充分的准备。这种在成功与失败之间都能保持清醒头脑的能力，正是胆识的另一种体现。

战国时期，赵国有一位刚正无私的税务官，名叫赵奢。有一天，赵奢遵王命前往平原君赵胜府邸征收税赋，不料却遭遇其家仆抗拒缴纳之困境。赵奢秉持法治之精神，毅然决然地依据国家法令，对那 9 名失职之仆实施了应有的惩戒。此举瞬间激怒了平原君，他当即下令将赵奢拘禁，意图予以严惩。

然而，面对平原君的滔天怒火与严厉威胁，赵奢展现出异乎寻常的冷静与沉稳。他以平和而坚定的口吻，向平原君阐述了深刻的道理："君乃赵国之基石，若家族成员尚且藐视法律，则法律之威严何存？法律一旦失效，国家秩序必将崩溃，国力随之削弱，外患接踵而至，赵国将面临覆灭之危。届时，君之荣华富贵又何以保全？反之，若君能率先垂范，恪守法律，则百姓必竞相效仿，国家自然强盛，君之威望亦将与日俱增。"

平原君闻其言，深感其理之透彻，遂对赵奢之胆略与智慧刮目相看，并极力向赵王举荐。赵王鉴于赵奢之德才兼备与忠诚不渝，特委以重任，令其执掌全国税收之务。自此之后，赵国税收体系日益健全，百姓安居乐业，国库日益充盈。

赵奢的行事风格，彰显其胆识超群。他敢于直面权贵，无惧强权，展现出非凡的勇气与坚定的决心。同时，他又精通人情世故，对平原君的性格、品性了如指掌，故能在关键时刻，以理服人，化干戈为玉帛。其胆识不仅使其圆满完成任务，更为其仕途铺就一条康庄大道，终至位列王公大臣之列，备受尊崇。

公元前 270 年，秦国大军压境，围攻赵国的阏与城。赵惠文王焦急万分，先后召见了廉颇、乐乘等将领，询问是否应出兵救援。他们均因路途遥远且地势险峻，认为救援难度极大，不宜轻举妄动。

随后，赵惠文王召见了赵奢，赵奢则展现出与众不同的见解："虽路途艰险，但正如两鼠斗于穴中，勇者胜。"这句话让赵王看到了希望，决定派赵奢领兵救援。

赵奢领兵出发后，并未急于前行，而是在离都城邯郸仅三十里处便下令扎营。他严令军中，任何人不得擅自谈论军事，违者立斩不赦。此举让秦军误以为赵军胆怯，不敢轻进。

秦军驻扎在武安城外，声势浩大，震得城内屋瓦作响。面对此景，赵军中一名将领心急如焚，建议立即救援武安，却不幸触犯了军令，被赵奢果断处斩。赵奢继续坚守营地，加强防御，同时故意放出风声，让秦军间谍误以为赵军确实畏惧不前。

间谍将假情报带回秦营，秦将大喜过望，认为赵军已不足为惧。然而，赵奢却在间谍离开后，立即命令全军轻装简行，日夜兼程，迅速抵达阏与附近，并抢占了有利地形。

此时，赵军中一名叫许历的士兵挺身而出，向赵奢献计。他建议先摆好阵势，以逸待劳；并指出北山为制高点，必须抢占。赵奢采纳了他的建议，并亲自率军占领北山。当秦军赶到并试图强攻北山时，赵军已从山上发起猛攻，与山下军队形成夹击之势，最终大败秦军，成功解围阏与。

赵惠文王对赵奢的英勇和智慧大加赞赏，封他为马服君，与廉颇、蔺相如等重臣并列。同时，也表彰了许历的功绩，任命他为国尉。

赵奢的这次胜利，不仅彰显了他在军事上的卓越才能和非凡胆识，也极大地鼓舞了赵国上下抵抗强秦的信心。他用自己的行动证明了一个道理：在面对强敌时，既要有敢于亮剑的勇气，又要有深谋远虑的智慧。只有这样，才能在逆境中寻找到胜利的曙光。

纵观历史长河中的那些杰出人物，他们无一不是既有胆识又有勇气的人。他们敢于挑战常规、突破自我；同时又能审时度势、运筹帷幄。正是这份胆识和勇气，让他们在历史的长河中留下了浓墨重彩的一笔。

谋略智慧

要想成功，就得有远见，提前做好准备。你得想得远，积累得厚，这样机会来了才能抓得住。胆大和眼光远是成功之人的两大法宝，让他们能看清机会，果断出手。但最重要的还是心态要好。

生活里总会有难处，但你要是乐观、坚强，就能把这些难处变成让自己更厉害的机会。不管一开始怎么样，好的心态能让你发挥出自己都没想到的能力，把短处变成长处。所以，要想干大事，首先心态得摆正，用积极的心态当方向，再加上充分的准备，你就能一路向前，最后成功。

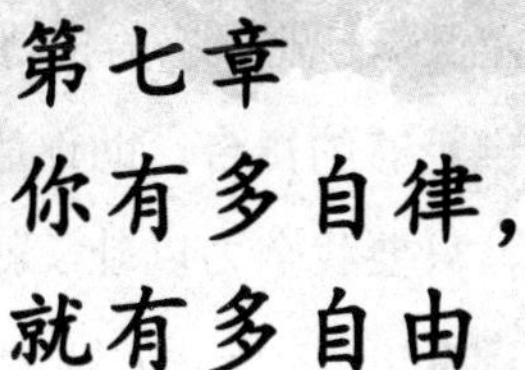

第七章
你有多自律，就有多自由

有目标的人在奔跑，没目标的人在流浪

在着手做事之前，明确自己的目标至关重要。唯有将注意力集中在一点上，方能在纷繁复杂中保持方向感。成功的关键，往往在于能否清晰地认识到自己的追求，并将这一目标具体化、可衡量化。

在企业运营的层面，一个明确且具体的战略目标如同指南针，为整个团队指明了前进的方向。它不仅帮助每位成员明确了自己的职责与使命，更在面临挑战与变化时，凝聚了团队的力量，共同应对困难，持续向目标迈进。同样地，在一个追求卓越的团队中，明确且具体的行动目标也是不可或缺的。它确保每位成员都能准确理解任务要求，灵活应对各个阶段的不同情况，始终保持对目标的坚定追求。

在一个充满活力的培训课堂上，一位同学满怀激情地向老师表达了他的雄心壮志："老师，我设定了一个目标，那就是在一年内赚100万元。您能指导我制订一个实现这个目标的计划吗？"

老师微笑着回应，首先确认了他的决心："很好，设定目标是成功的第一步。你真的相信自己能够达成这个目标吗？"他坚定地回答："是的，我深信不疑！"

接着，老师引导他思考实际路径："那么，你计划通过哪个行业来实现这个目标呢？"他毫不犹豫地说："我打算在保险行业里努力拼搏。"老师进一步探讨："你认为保险行业能为你提供足够的舞台，助你达成这个目标吗？"他满怀信心地回答："我相信，只要我全力以赴，就一定能够成功。"

为了让他更清晰地看到前方的道路，老师开始帮他规划："按照行业的提成规则，要实现100万元的收入，大约需要完成400万元的业绩。这意味着，你一年内需要达成这个目标，每个月就需要完成33万元的业绩，换算到每天，大约是11000元的业绩。"

老师继续引导他思考具体行动："为了达到每天的业绩目标，你认为需要拜访多少客户呢？"他估算后说："可能需要拜访60位客户。"老师顺势推算："如果这样，你每个月要拜访1800位客户，一年下来就是21600位客户。这是一个不小的数字。"

面对这个数字，老师提问："你目前是否已经拥有了这21600位潜在客户？"他摇了摇头。"那么，你可能需要通过陌生拜访来积累这些客户。你认为每次拜访大约需要多长时间？"他思考后回答："至少20分钟。"

老师耐心分析："如果每次拜访都需要20分钟，那么你每天需要花费超过20个小时在与客户交谈上，这还不包括路途时间。这样的工作强度，你觉得自己能够持续下去吗？"他沉思片刻，然后诚恳地说："老师，我意识到这并非易事。我现在明白了，仅有目标是不够的，更重要的是制订一个切实可行的计划，并坚持执行。"

目标的设定是迈向成功的起点，但仅有目标而不付诸实践，就如同没有舵手的船，只能在茫茫大海中漂泊。只有当我们明确了目标，并为之制订出详细的计划，才能清晰地看到努力的方向，从而在追梦的路上稳步前行。

苏秦，一位战国时期的杰出政治家与纵横家，其生平事迹如同一部活生生的“逆袭剧”，他的经历深刻诠释了“目标明确，并为之不懈努力，方能成功”的真谛。

起初，苏秦想要外出求学，但这并不被他的家人看好——妻子、父母、兄弟都纷纷反对。可苏秦心意已决，带着一腔热血和仅有的百金踏上了求学之路。他出发前满怀信心地许下豪言壮语，但现实却给了他当头一棒，初次尝试便以失败告终，狼狈地回到了家。

回家后，苏秦发现家人对他的态度急转直下，妻子不给他好脸色，嫂子不做饭给他吃，父母也不跟他说话。这种冷落和轻视，换成一般人可能早就崩溃了，但苏秦没有。他没有被失败击垮，反而更加坚定了自己的决心。

为了达成目标，苏秦开始了苦行僧般的生活。他闭门不出，埋头苦读，每当困倦想要放弃时，就用锥子狠狠地刺自己的大腿，用疼痛来提醒自己不能松懈。他日复一日、年复一年地努力，终于掌握了合纵连横的学问，同时发奋读书而博学多才。

机会总是留给有准备的人。苏秦凭借自己的才华和智慧，成功地说服了六国君主联合起来对抗强大的秦国，他自己也因此成为六国的宰相，挂上了六国相印，风光无限。

这时，曾经对他冷若冰霜的家人态度也发生了 180 度的大转变。父母清扫道路，张灯结彩，亲自到郊外迎接他；妻子和嫂子也对他刮目相看，毕恭毕敬。苏秦用自己的行动证明了，尊严和地位不是靠别人施舍的，而是靠自己的实力挣来的。

苏秦的故事告诉我们，人一定要有明确的目标，并且为之付出不懈的努力。在追求梦想的过程中，我们可能会遇到挫折和困难，但只要我们不放弃、不气馁，坚持下去就一定能够成功。同时，我们也应该珍惜那些支持我们、鼓励我们的人，因为他们是我们前进的动力和源泉。

谋略智慧

目标明确之人，在清晰的方向引领下，能够高效整合并集中所有资源与精力，全力以赴地追求卓越。他们无须外界频繁提醒与监督，自我驱动力强大，展现出高度的自律与专注。

在职场竞争中，这类人相较于那些行事莽撞、职业路径模糊的同辈，更易于脱颖而出，取得显著成就。反之，对于无法清晰阐述自身职业规划的求职者而言，其在职场中的竞争力往往大打折扣，面临更高的淘汰风险。

自律的道路上，计划比激情更重要

在谋事业的漫漫征途上，计划往往比激情扮演着更为关键的角色。诚然，激情是点燃行动之火的初始火花，它赋予我们追求目标的无限动力与热情。然而，仅有激情而缺乏周密的计划，就如同航船只有舵手的热情却无航海图的指引，终将在浩瀚的海洋中迷失方向。

设定计划，是自律实践中的指南针，它帮助我们明确目标、规划路径、设定阶段性任务，并确保每一步都朝着既定的方向稳步前进。在自律的道路上，一个科学合理的计划能够让我们更加理性地分配时间、资源和精力，避免盲目行动带来的浪费与挫败感。

同时，设定计划还具备一种强大的自我监督机制。通过定期回顾计划的执行情况，我们可以清晰地看到自己的进步与不足，及时调整策略，确保自律之旅的顺利进行。这种自我反馈与调整的能力，是激情难以提供的。

小张与小王作为同校校友并肩踏入同一家公司，展现了截然不同的工作风格。小张以勤勉著称，行事迅速且充满活力；而小王则行事稳健，注重细节与规划。然而，在一年后的职位晋升中，小王脱颖而出，担任了主管职务，这一结果在小张心中激起了不小的波澜。

面对心中的不解与不甘，小张主动向领导李总表达了自己的疑惑，质疑为何在同等努力甚至更为勤奋的情况下，自己未能获得相应的晋升机会。李总并未直接回应小张的质疑，而是巧妙地通过一项任务——调查市场土豆情况，来展示小王与小张在工作方法上的差异。

小张闻言，迅速应允，随即一阵风似的奔向了市场。发现有销售土豆的，他即刻折返，向李总报告了土豆的存在。然而，李总进一步要求了解土豆的具体价格，小张再次匆匆前往市场，完成询问后即刻返回汇报。当李总提出需评估哪家土豆最为适宜购买时，小张虽显不悦，但仍勉力执行，再次前往市场进行比对，并最终将结果详尽汇报给李总。

此时，李总望着小张因多次奔波而略显疲惫的面容，语重心长地说："小张，你看，为了这一简单任务，你往返多次。现在，让我们看看小王是如何处理的。"随即，李总拨通电话，把小王叫了过来，并指派他前往市场探查土豆情况。

小王接到任务后，从容不迫地离开办公室。约莫半小时后，他满载而归，不仅详细汇报了市场上土豆的价格区间、品种分类，还就如何挑选优质土豆提出了自己的见解，并贴心地带回了几位售卖各类蔬菜的菜农，以便公司后续采购的多元化选择。

李总望着小王，转而对小张说："小张，你应当明了，我所期待的，远不止于土豆本身。一个优秀的员工，应当具备全面的思考、深入的调查以及高效的决策能力。"此番话语，既是对小张的提点，也是对小王工作态度的肯定。

同样处在职场，一个精心勾画的计划无疑是推动工作高效进行、促进个人职业发展的强大引擎。它不仅能确保任务以最优路径迅速达成，使工作成果事半功倍，更能在无形中构建起领导对个体能力的信任与依赖，为职场生涯铺就坚实的基石。相反，缺乏明确计划的个体，往往会在工作中陷入盲目与被动，难以在激烈的职场竞争中脱颖而出，最终可能仅在基础岗位上徘徊不前。

在西班牙的同一片天空下，生长着两位截然不同的青年——布兰科与奥特加。尽管他们年龄相仿，比邻而居，命运的起点却因家庭背景的差异而大相径庭。布兰科出身于富裕之家，其父乃商界巨擘，拥有别墅豪车，对儿子的未来寄予厚望，承诺无论布兰科选择何种职业道路，都将动用一切资源助其成功。而奥特加，则成长于一个贫寒之家，父亲以摆地摊为生，居住于简陋棚屋，对儿子的未来显得力不从心，仅能传授其摆地摊的技艺，作为生存的手段。

布兰科，在父亲铺设的金光大道上启程，先后尝试了律师、医生、演员等多个职业领域，但每一次都因缺乏真正的兴趣与坚持，浅尝辄止，最终未能在任何领域深耕细作。当家族企业遭遇金融危机时，布兰科的梦想与现实一同破灭，剩下独自一人的迷茫与挫败。

反观奥特加，起初对摆地摊的生活充满了抵触与不甘，日晒雨淋、遭人白眼，无一不考验着他的耐心与毅力。然而，在无数次想要放弃却又不得不继续的挣扎中，奥特加逐渐意识到，唯有脚踏实地，方能改变命运。他开始认真钻研摆地摊的技巧，致力于提升商品品质与服务态度，渐渐地，在地摊市场中脱颖而出。

岁月流转，奥特加凭借不懈的努力与对市场的敏锐洞察，逐渐积累了原始资本，并成功转型，开设了自己的专卖店。随着时间的推移，他的商业帝国不断扩张，最终创立了享誉全球的服装集团，成为国际零售业的佼佼者。奥特加以其实干精神与长远规划，实现了从底层地摊主到世界富豪的华丽蜕变。

在人生的旅途中，一时的激情与冲动往往难以支撑长久的奋斗与坚持。相反，那些能够明确目标、制订计划并持之以恒的人，更容易在逆境中崛起，在挑战中前行，最终收获成功的果实。因此，无论身处何种环境，我们都应像奥特加那样，保持清醒的头脑、坚定的信念与不懈地努力，用实际行动书写属于自己的辉煌篇章。

谋略智慧

“凡事预则立，不预则废”，这一古训深刻揭示了规划与准备对于成功执行任务的至关重要性。众多实践案例无不证明，在着手任何一项工作之前，投入更多时间进行周密的准备与详尽的规划，能够显著减少实际执行过程中的总耗时，并大幅提升工作效率。反之，若缺乏事前的充分准备与明确计划，不仅会导致执行效率低下，更可能陷入盲目行动，最终既浪费了宝贵的时间资源，又难以达成既定目标，实为徒劳无功。

一切落实不到行动的“打鸡血”都是耍流氓

很多人疯狂搜集励志类的书、课和讲座，连周末都不放过，但几年下来，发现进步微乎其微。原因就在于，他们只是浅尝辄止，学了不用，缺乏把知识变成行动的决心和坚持。很多人的打卡签到，说白了就是给自己找个心理安慰，那些光说不练的励志话，没实践支撑，就跟自己骗自己差不多，听完热血一会儿，之后还是不知道该往哪儿走。

真正的成长得靠真才实学和自我提升。这种“打鸡血”式的激动，不配上实实在在的努力，那就是自欺欺人。它让人觉得自己好像很努力，其实只是在感动自己，没意识到成功路上得吃多少苦、受多少累。记住，成功不是靠嘴说的，是那些不怕苦、不怕累，一直默默干实事的人才能得到的。

梅尔·罗宾斯曾经是个不折不扣的“拖延大王”。大学时，因为老拖着不写论文，差点儿被学校开除。为了毕业，她不得不每天早起去图书馆补作业，但每次闹钟响，她都能找到各种理由赖床。

这种拖延的习惯，让她的生活越来越糟。到了中年，她丢了工作，老公又忙着开餐馆，家里全靠她一人打理，日子单调又辛苦。她常想：

"连起床这种小事都做不到，我怎么能搞定更大的问题呢？"

每当她试图迈出改变的第一步时，内心的犹豫和恐惧便如潮水般涌来，将她重新拉回舒适区的深渊。她发现，自己陷入了一种循环——不断地给自己打气，却又在关键时刻选择放弃，这种"打鸡血"式的自我激励，最终变得毫无意义。

有一天晚上，她在看电视时，刚好看到火箭发射的倒计时。那一刻，她灵光一闪："我为什么不能像火箭一样，倒数完就立刻行动呢？"

第二天，当闹钟再次响起，梅尔没有像往常那样赖床，而是开始在心里倒数："5、4、3、2、1，发射！"数完最后一个数，她猛地一下从床上跳了起来。从那以后，她每天都用这个方法起床，再也没有赖过床。

梅尔发现，这个方法不仅适用于起床，还能帮她克服各种拖延。每当她不想写文章、不想锻炼时，就倒数 5 个数，然后立刻行动。慢慢地，她改掉了拖延的毛病，生活也变得越来越好。

后来，梅尔在 TED 演讲上分享了自己的故事，她说："只要你能在 5 秒内决定开始，你就能成为你想成为的任何人。"她鼓励大家，遇到想做的事，不要犹豫，倒数 5 秒就行动，这样你会发现你的人生变得大不一样。

通过梅尔的经历，我们需要意识到，总给自己"打鸡血"却不付出实际行动，往往会导致机会在你犹豫不决的时候悄悄溜走。想要成功，就要有执行力，把想法和计划变成实际行动。

小张，一个 20 来岁的小伙子，心里头老想着如何功成名就，于是他买了好多教人怎么成功的书，还报了网上各种学习班和讲座，一到周末就忙个不停，全是关于学习和提升自己的。

他特别喜欢在朋友圈晒自己的学习状态，发个励志句子，截个学习打卡的图，感觉这样挺有成就感的，朋友们也给他点赞鼓励。每次听完那些让人热血沸腾的讲座，他都觉得自己好像马上就能飞黄腾达了。

可是，两年时间一眨眼就过去了，小张发现自己还是老样子，工资没涨，职位也没升，心里头那个急啊。他开始琢磨，为什么自己这么努力，却一点儿进步都没有呢？

后来小张想通了，原来那些晒在朋友圈的学习打卡，还有听讲座时的热血沸腾，都像是给自己打的“兴奋剂”，过了劲儿就没啥用了。真正的成长，得靠自己踏踏实实地去做，一点一滴地积累。

于是，小张改变了方法，不再整天忙着报班听课，而是静下心来，给自己制订了一个实际可行的学习计划。他每天都坚持学点儿新东西，不管多忙都要挤出时间来做。他不再追求那种一时的满足感，而是把眼光放长远，一步一个脚印地往前走。

就这样，小张慢慢感受到了自己的变化，虽然进步不是很大很快，但他知道自己在往好的方向走。他明白了，成功不是靠一时的激情就能实现的，而是需要长期的坚持和努力。

谋略智慧

如果一个人立下很多大目标，但总是实现不了，那很可能是因为他太喜欢搞些表面的热闹，而不是真的去努力做。他总是想得多，做得少，光有空想，没有实际行动。

做一个决定的时候，其实挺容易的，难的是怎么把这些时间都用在点子上，别浪费了。读一本好书，受到点儿启发，这也不难，难的是怎么把这些好的想法变成自己实实在在的努力，然后一直坚持下去，让自己变得更强。

千人千面，不拘一格

人类天生具备与他人共同生活、互动及合作的内在驱动力，这是我们与生俱来的社交本能。每个人都是独一无二的，拥有各自独特的思想、情感和潜能。从社会学的视角来看，我们既是自然界的产物，也是社会文化的塑造者。我们的成长与发展，既受到自然法则的引导，也深受社会环境的熏陶与磨砺。

融入社会，与他人和谐共处，并非易事，而是一个被称为“社会化”的渐进过程。这一过程就像是一场心灵的探索之旅，让我们学会如何适应社会环境，遵循社会规范，并找到自己的社会定位。通过这一过程，我们逐渐明确自己的价值，并获得社会的认可，成为这个大家庭中不可或缺的一员。

然而，社会如同一幅错综复杂的拼图，每个部分都有其独特性和挑战。在应对这些挑战时，单凭个人的力量往往显得力不从心。因此，谋求事业的发展，做到善于用人、形成合力就变得尤为重要。正所谓：“一人之力难以扛起千斤重担，众人之力则可移山填海。”

刘邦，这位历史上以弱胜强的传奇皇帝，其成功并非偶然。他虽在才学、身份、家世等方面均不如项羽，却以独特的用人之道，最终战胜了强大的西楚霸王，打下了西汉长达 200 多年的基业。

刘邦的用人之道，核心在于不拘一格。他深知，一个人的能力和价值并非仅由出身、学历或表面形象所决定。因此，他敢于突破常规，从社会各阶层中选拔人才，让每个人都有机会展示自己的才华。

在刘邦的麾下，有诸多出身平凡的英才。樊哙，原本只是市井之徒，但刘邦看到了他的勇猛和忠诚，将其培养成为大杀四方的猛将。灌婴、娄敬、周勃等人，也都是在各自领域有着非凡才能的平民，他们因刘邦的赏识而得以崭露头角，最终成为西汉的开国功臣。

刘邦的用人之道，不仅在于选拔人才，更在于如何合理地使用和激励他们。他深知每个人的长处和短处，能够因材施教，让每个人都在最适合自己的位置上发挥出最大的价值。同时，他也善于倾听他人的意见和建议，不断修正自己的决策，确保团队的凝聚力和战斗力。

在庆功宴上，刘邦曾谦虚地表示："夫运筹策帷帐之中，决胜于千里之外，吾不如子房；镇国家，抚百姓，给馈饷，不绝粮道，吾不如萧何；连百万之军，战必胜，攻必取，吾不如韩信。此三者，皆人杰也，吾能用之，此吾所以取天下也。"这番话充分展现了刘邦在识人用人方面的非凡才能。

在当今社会，无论哪个行业，竞争均日益激烈，而人才竞争更是其中的核心。尽管人才的重要性已经得到广泛认可，但在实际的人才选拔与运用中，一些组织或企业仍然过于看重名校背景和高学历，导致一些具备实际能力但背景并不突出的人才被忽视，难以有机会展现其才华，从而限制了他们的成长与脱颖而出。

然而，在现代社会，我们可以见到通过破格录用而成就卓越事业的案例。例如，钱锺书先生，在学业上他表现出严重的偏科现象，数学成绩并不理想，但清华大学独具慧眼，发现了他在文学领域的卓越才华，并破格录取了他。正是这一决定，使得钱锺书先生能够创作出《围城》《谈艺录》《写在人生边上》等脍炙人口的经典作品，并成为多所著名大学的教授。

再如科学家法拉第，他的学术起点并不高，只接受过有限的基础教育。然而，他凭借对科学的热爱和不懈追求，在工作中发现了机遇，得到了化学家汉弗莱·戴维的青睐，成为其助手，从此踏上了科研之路。法拉第先生凭借其卓越的贡献，最终获得了诺贝尔奖，他的科学发现对世界产生了深远的影响。

这些案例充分说明，在人才选拔与使用中，我们应当摒弃传统观念的束缚，不拘一格地选拔人才，注重其实际能力和潜力，为每个人提供平等的竞争机会和广阔的发展空间，让他们能够充分发挥自己的才华和创造力。只有这样，我们才能最大限度地激发人才的潜力，推动企业与自身的进步与发展。

谋略智慧

“不拘一格降人才”意味着在选拔与运用人才时，应注重其优势，适度包容其不足。正如古人所言，“金无足赤，人无完人”，每个人都有自己的长处和短处。谋事业应善用人才之长，如骏马善跑、坚车能载，而非苛求其全。顾嗣协的诗句“生材贵适用，慎勿多苛求”即为此理，强调人才的适用性和适度要求的重要性。

第八章
能屈能伸，面子远不如里子重要

能争一口气，更要能咽一口气

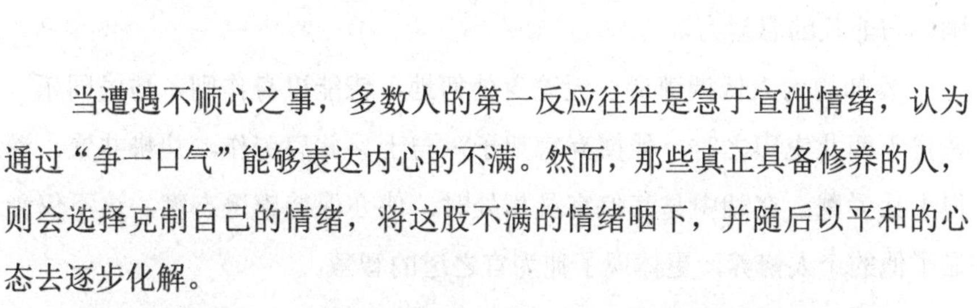

当遭遇不顺心之事，多数人的第一反应往往是急于宣泄情绪，认为通过“争一口气”能够表达内心的不满。然而，那些真正具备修养的人，则会选择克制自己的情绪，将这股不满的情绪咽下，并随后以平和的心态去逐步化解。

这种忍耐，并非软弱的体现，而是一种强大的心理承受力与自我控制能力。在困境面前，能够保持冷静与理智，正是个人修养的体现。这样做不仅能够有效避免事态的进一步恶化，还能为我们在冷静的状态下寻找更加妥善的解决方案提供可能。忍耐，实际上是在为我们争取时间与空间，以便更加全面地审视问题，从而做出更为明智的决策。

至于情绪的消化，则是指我们应当以合理且健康的方式去处理那些负面情绪，既不应将其深埋心底，也不应任其爆发。这需要我们投入一定的时间与精力。可以通过自我反省来探究问题的根源，也可以与亲朋好友交流以获取不同的视角与建议，或者通过运动等身体活动来释放压力。借由这些方式，我们可以有效地管理情绪，避免其过度积累与爆发，从而保持内心的平和与宁静。

娄师德，河南原阳人，在唐朝时担任宰相与将领，其成就非凡，两次荣登相位，这在人才济济的唐朝实属罕见，彰显了皇帝的深厚信任与高度认可。

公元 692 年，娄师德被调至京城，担任要职。次年，武则天鉴于其卓越才能，擢升其为宰相，彼时他已届 63 岁高龄。

某一天，其弟受命赴任代州刺史，娄师德亲往送别。鉴于对官场复杂性的深刻认识，他忧虑弟弟可能因自身地位及新职而遭人嫉恨，遂向其弟传授自保之道。弟言："若有人唾我面，我当拭去而不以为意。"娄师德则劝诫道："汝若拭之，反显不悦之色，更增其怒。宜任其自干，不予理会。"此即"唾面自干"典故之由来，充分展现了娄师德宽广的胸怀与非凡的忍耐力。

娄师德为人低调谦逊，无论身处何地，皆能以身作则，与民同乐。昔日于西北屯田之时，他摒弃官架子，与士兵并肩劳作，共耕共饮，深得士兵爱戴。在朝中与其他官员相处时，他亦保持谦逊态度，这不仅彰显了他的个人修养，更体现了他为官之道的智慧。

娄师德与李昭德同为朝中重臣，常需一同上朝。因娄师德体态稍胖且行动不便，行走速度较慢，而李昭德性情急躁，时有不耐之言："娄公行走迟缓，宛若乡间之人。"娄师德听后，非但不怒，反以幽默化解尴尬："若非我扮此'乡巴佬'角色，又有谁能胜任呢？"其胸襟豁达可见一斑。

然而，娄师德的这种低调与不争之态，却让同僚狄仁杰误以为其过于圆滑，缺乏担当。因此，狄仁杰对娄师德多有微词，但娄师德始终不予计较。

武则天洞察秋毫，对娄师德的遭遇深感同情。她特地问及狄仁杰对娄师德的看法，狄仁杰坦言："吾知其守边谨慎，至于是否堪称贤臣，则不敢妄言。"言下之意，对娄师德评价不高。武则天进而询问狄仁杰关于娄师德识人能力的问题，狄仁杰亦表示未曾听闻其有识人之明。武则天告知狄仁杰："吾之所以以卿为相，实乃娄师德之荐举。彼实乃识人善用之高手。"

狄仁杰闻言，恍然大悟，深感愧疚。他后来感慨道："吾常对娄公有所偏见，而他却能包容我之不足。其品德之高尚，实为我所不及。"

娄师德的宽容不是天生的。他知道在复杂的官场里，为了小事生气不值得，还会浪费精力，甚至可能害了国家和人民。所以他选择宽容和忍让，把精力放在做大事上。这种大度和远见，不仅保全了自己，更让他在历史上留下了好名声，被后人称道。

"能咽下这一口气"，其实是对自己好。当我们对别人宽容点儿，那些不开心的事就少了，心里也就更舒坦、更平静了。这样一来，我们的心情会更好，对生活也会更满足、更开心。说白了，原谅别人就是让自己从那些生气、不甘心的情绪里走出来，给自己一个解脱。这样，我们的心就自由了，不再被那些不好的情绪绑着，能更轻松地面对生活。

唐代宗年间，郭子仪以非凡之勇略，平息安史之乱，力挽李唐社稷于将倾，功勋盖世，兵权在握，威望隆盛，一时无出其右。然至大历二年，正当其于灵州大捷，荣耀归朝之际，忽闻祖坟遭奸邪之徒挖掘，此举在封建礼法之中，实为极尽之侮辱，郭子仪心中之痛，可想而知。

这事一下子就在朝廷和民间传开了，大家都担心得不行。怕郭子仪一气之下，发起火来，连累到无辜的人，更怕他会带兵造反，让国家又乱起来。

后来郭子仪去见皇帝，皇帝也听说了这事，就主动问起。郭子仪虽然心里像被刀割一样疼，但他还是忍住了，没让自己的情绪爆发出来。他眼眶红红的:“我带兵这么多年，手底下的人多了，难免有做错事的，可能不小心就害了别人。现在我家祖坟这样了，可能是我没管好家，可能是老天爷在惩罚我。但国家的事情更重要，我个人的这点事，不能跟国家比。”他这么一说，大家都觉得他能顾全大局，紧张的气氛也就慢慢散了，一场潜在的危机就这么消除了。

在面对祖坟被挖这一极端侮辱与挑衅时，郭子仪没有选择以牙还牙、以眼还眼，而是展现出了令人赞叹的克制与宽容。他深知，愤怒与复仇的火焰只会烧毁理智，让事态进一步恶化，甚至可能将国家拖入无休止的纷争与战乱之中。

因此，郭子仪选择了容忍。他用自己的行动诠释了“忍一时风平浪静，退一步海阔天空”的哲理。没有让个人的情感左右自己的行为，而是将国家的利益放在首位，以大局为重，展现出了一位真正领袖应有的风范。

谋略智慧

真正的智慧，深蕴于忍耐与情绪的自我消化之中，而非一时之气的争竞。愤怒，实则是对自我心灵的桎梏，而掌控情绪、宽宥他人，则是自我修养的升华，是对心灵的一种温柔呵护。秉持宽容之心待人接物，不但能够滋养自身的品性，亦能赢得世人的诚挚友谊与崇高敬意。

智者善屈尊，愚人多强伸

古语有云：智者善屈尊，愚人强伸头。真正聪明的人行事不会以刚硬相对，而是懂得适时展现谦逊之态，包容他人之异，同时为自己保留回旋余地。他们心怀慈悲，追求和谐共处，不因琐碎之事而轻易动怒，争执不下。

在谋求事业的道路上，难免遭遇波折与不顺，正如天气阴晴不定。若一味与之抗衡，不懂适时退让，恐将身心俱疲，难以成就大业。

为人处世，需具备一定的灵活性，明确何时应谦逊低头，何时又该适度退让。这不意味着长期卑躬屈膝，而是强调在关键时刻，为大局与长远目标考量，能够展现柔韧与变通。唯有如此，方能站得更高，望得更远，稳固立足于社会之中。

左宗棠说过：“与人共事，要学会吃亏。”适时的低头，会让你的人生更有内涵，更有出息。回顾历史长河，诸多伟人名士皆展现了此等智慧。如越王勾践，为复国大业，卧薪尝胆，时刻不忘国仇家恨。又如韩信，甘愿承受胯下之辱，隐忍前行。再如司马迁，因直言不讳而遭难，却未选择放弃，反以坚韧不拔之志，继续撰写历史巨著《史记》，终成千古流芳之作。此皆为在逆境中低头，于沉默与坚韧中绽放出璀璨光芒的典范。

某日，韩信漫步于市井之间，不期遇一无赖。此人戏谑韩信道："足下常佩剑而行，然此剑何所用之？观足下体魄健硕，何以胆识如此不彰？"面对此番挑衅，韩信选择缄默以对。围观人群渐聚，无赖越发嚣张，竟公然挑衅："韩信，你若真有胆量，便以此剑相向；否则，便屈尊从吾胯下穿行！"言毕，无赖张腿而立，姿态挑衅。

韩信在短暂的沉思后，做出了一个惊人的决定——他甘愿承受屈辱，躬身自无赖胯下缓缓穿过。围观者见状，皆哄笑不已，以为韩信懦弱可欺。然韩信神色自若，轻拍尘土，淡然离去。

岁月流转，韩信辅佐刘邦成就汉室大业，功勋卓著。汉高祖五年正月，韩信更被册封为楚王，治所设于下邳。得势之后，韩信未忘旧事，特意召见了昔日羞辱自己、迫其胯下受辱的无赖。众人皆以为韩信将以此报当年之仇，不料他却出人意料地赐其官职，命其为巡城捕盗之官。

面对部将的疑惑，韩信解释道："昔日此人虽辱我，但当时情境之下，我若杀之，并无正当之名。故我选择隐忍，此非怯懦，而是为长远想。正是这份忍耐与坚韧，成就了我今日之功。"

韩信遭受挑衅，虽表面看似奇耻大辱，实则是他深思熟虑后的智慧抉择。一时之勇，不过匹夫之怒；而能忍常人所不能忍，心怀壮志且矢志不渝者，方显英雄真本色，深沉内敛，终成大事。

有时候，低头不是怯懦，而是以一种低姿态为将来的抬头蓄势。人生路上，无论顺境还是逆境，懂得适时低头，就能让生命增加一份韧性，增添一份张力，收获一份成熟。

张耳，战国时期大梁（今河南开封）的名士，年轻时跟大名鼎鼎的信陵君魏无忌走得很近，学了不少本事。但后来因为一些事，他不得不改名换姓，跑到外黄县（也是河南的一个地方）藏起来，生活过得挺不容易的。

陈馀，同样来自大梁，是个才华横溢的年轻人，特别喜欢儒家学问，到处游历，他的才华被大家认可，连公乘家的富商都看好他，把女儿嫁给了他，认为他将来能成大器。陈馀虽然年纪比张耳小，但是对张耳非常尊敬，两人关系铁得跟亲兄弟一样，还发过誓要共患难、同生死。

后来，秦国打败了魏国，大梁城也被攻破了。那时候，刘邦还是个平民百姓，但他和张耳关系很好，经常一起聊天。秦国担心被灭国的张耳和陈馀将来会谋反，就悬赏捉拿他们。为了保命，两人只能再次改名换姓，跑到陈郡去，找了个小巷子当看门人，想这样躲起来。

有一天，管巷子的小官因为一点儿小事打了陈馀一顿鞭子，陈馀气得不行，想反击。张耳一看情况不对，赶紧踩了他一脚，示意他冷静。等小官走了，张耳把陈馀拉到桑树下，语重心长地说："我之前不是跟你说过吗？这种小事不值得跟个小官计较，你忘了我们的志向了吗？"陈馀一听，顿时觉得自己太冲动了。

秦国悬赏捉拿他们的风声越来越紧，但张耳和陈馀并没有被吓倒，两人反过来以监门人的身份把上头来的命令传达给全里巷，展现出了他们的智慧和勇气。

随着时间的推移，张耳投奔了刘邦，帮助他打下了天下，成为开国功臣，名垂青史。而陈馀则辅佐赵王，虽然也曾风光过，但因为性格刚烈、不懂得忍让，最终被韩信打败，丢了性命。两人一个能够隐忍、一个却过于冲动，最终命运截然不同，真是让人感慨万千。

谋略智慧

真正的智者，深谙韬光养晦之道，擅长以示弱为守拙之姿，而愚昧之徒则往往急功近利，凡事争强好胜。在强者面前展现柔弱，实为一种自我保全的策略，彰显出非凡的胸襟与气度；在弱者之前保持谦逊，则是个人修养的体现，蕴含着深刻的智慧与慈悲。

适时示弱，并不意味着妥协放弃或逃避退缩，而是基于对当前局势的精准判断与深刻洞察，是一种顺应时势、灵活应变的智慧之举。它要求个体不仅需具备扎实过硬的内在实力，更需拥有超凡脱俗的示弱艺术，懂得在复杂多变的环境中寻找最佳生存与发展之道。

智退以求进，一切都是为了最终事业

古语有言：“吾不欲匹夫之勇也，欲其旅进旅退也。”这句话的意思是，遇到事情不要硬冲，因为有时候硬冲反而会让事情变得更糟。勇往直前有时候能打开新局面，但也可能遇到很多困难，甚至失败。所以，学会在适当的时候退一步，这是个很重要的智慧。退一步，往往能看到更广阔的天空，也更容易实现自己的目标。

而且，真正厉害的人，都懂得怎么退后。他们不会乱冲乱撞，因为他们知道那样很危险，可能会输得更惨。退后并不是胆小，而是经过思考后做出的理性选择，这样更容易成功。

生活里不是所有事情都能如我们所愿。有时候，退后反而能给我们带来更多的机会。不要怕退后，因为退后也是成长的一部分。懂得什么时候该进，什么时候该退的人，才是真正聪明的人。他们能看清形势，做事更加顺利。有时候，退后还是一种策略，不是真的放弃，而是绕个弯子，找到更好的机会，最终达成目标。

春秋时期，诸侯争霸，烽火连天，而晋文公重耳的一生，则是这段历史中一颗璀璨的星辰，他以其非凡的智慧与胆识，特别是“以退为进”

的策略，书写了属于自己的传奇篇章。其中，“退避三舍”的故事，便是这一智慧最生动的体现。

“退避三舍”的典故，源自晋文公重耳与楚成王之间的一次对话。当重耳流亡至楚国，受到楚成王的盛情款待时，楚王在宴会上半开玩笑半认真地询问重耳，若他日后重返晋国为君，将如何报答楚国的恩情。重耳深知楚国之强大，自己所能给予的物质回报实属微末，于是他以超凡的远见与气度回答：“若以晋楚交恶兵戎相见，我必令晋军退避三舍（90 里）以报君恩。”

重耳的回答让楚国的令尹子玉等人觉得他不简单，是个有野心的人。于是这些人私下里跟楚成王说，要么干脆把重耳杀了，要么就把他那个既是舅舅又是主要谋士的狐偃扣在楚国当人质，省得以后麻烦。但楚成王没听他们的。他说：“重耳这小子，有野心但不乱来，说话有分寸，待人接物也讲究，他的手下也都是正派人，做事认真还讲情义。我看啊，他可能是上天派来振兴晋国的，咱们怎么能随便就毁了他呢？”

岁月如梭，当晋国面临是否出兵援助宋国、对抗楚国的抉择时，重耳已登基为君，成为晋文公。他审时度势，决定出兵中原，与楚国一较高下。然而，在两军对峙之际，晋文公却毅然下令军队退避三舍，履行了当年对楚成王的承诺。此举在晋国将领中引起了轩然大波，他们不解为何要在决战前夕主动示弱。然而，狐偃等智者却洞察了晋文公的深远用意：退避三舍，不仅是为了信守承诺，更是为了诱敌深入，寻找战机。

正如狐偃所料，楚军的领军者子玉见晋军退却，误以为其胆怯，便轻率追击。晋文公趁机在城濮地区布下天罗地网，待楚军深入后，突然发起猛烈攻击，尤其是针对楚军右翼的致命一击，迅速瓦解了楚军的战斗力，从而赢得了城濮之战的胜利。

此战之后，晋文公非但没有乘胜追击，反而恢复了被楚国消灭的曹国，展现了他作为一代霸主的仁德与远见。他深知，真正的强大不在于一时的征服与掠夺，而在于赢得人心与长久的和平稳定。因此，他选择放弃眼前的利益，以退让换取更广泛的盟友与支持，为晋国的长远发展奠定了坚实的基础。

“退避三舍”的故事，不仅是一段历史佳话，更是“以退为进”智慧的生动演绎。它告诉我们，在人生的旅途中，有时候适当的退让与妥协，并非软弱与无能，而是为了更好地前进与胜利。

正如《孙子兵法》所言：“故能而示之不能，用而示之不用。”真正的智者，懂得在进退之间寻找平衡，以最小的代价换取最大的成功。

1964 年，松下电器公司宣布了一项出人意料的决策，即终止大型电脑的研发项目。这一决定立即在行业内引起了轩然大波。考虑到松下电器已在此项目上投入 5 年时间与高达 10 亿日元的资金，且项目接近完成阶段，加之公司当时财务状况稳健，此决策显得尤为突兀。

松下电器的创始人松下幸之助，其背后的考量深远且审慎。他意识到，尽管大型电脑市场潜力巨大，但伴随而来的风险同样不容忽视。鉴于市场竞争的激烈程度，一旦项目出现失误，可能对松下电器造成难以挽回的损失。因此，松下幸之助认为，在尚能掌握主动权之时选择撤退，是避免潜在灾难性后果的明智之举。

观察当时的市场格局，不难发现，全球范围内如西门子、RCA 等巨头已相继退出大型电脑市场，使得 IBM 在欧美市场占据了绝对优势。而在日本本土，富士通、日立等 7 大公司正全力争夺市场份额，它们投入巨资，几乎将公司命运系于此役。面对如此激烈的竞争环境，松下幸之助经过深思熟虑，最终决定采取撤退策略。

松下幸之助的这一决策，不仅体现了他对商业环境的敏锐洞察，更展现了他作为商界领袖的远见卓识。他教会我们，在商海中航行，必须懂得取舍之道与进退之术。在必要时勇于撤退，避免无谓的冒险与损失，是通往成功的重要路径。

“商场如战场”，战场上的撤退策略同样适用于商场。然而，高明的商人在撤退时并非一无所获，他们往往会巧妙地利用这一时机，为未来的成功铺设道路，争取更多的利益与机会。

因此，对于每一位谋求事业的人而言，掌握取予之道与进退之术至关重要。只有心中有数，才能在复杂多变的商业环境中游刃有余，最终实现财富的积累与事业的辉煌。

谋略智慧

在谈判的过程中，恰如其分的让步不仅是不可或缺的润滑剂，更是策略性布局的关键环节。顶尖谈判者所展现的让步艺术，绝非盲目的妥协，而是深谙“以退为进”之道的精妙策略。他们擅长在谈判的紧要关头，采取适度而精准的让步举措，以此作为桥梁，构筑起双方信任与合作意愿的坚固基石。此种蕴含智慧的让步策略，往往能够巧妙地化解谈判中的僵局，促进双方立场之融合，最终引领双方迈向共识的彼岸。

若志在龙头，先需谦为凤尾

拿破仑曾经说过这样一句话:“不想当将军的士兵不是好士兵。”“将军”就是指军队里的“龙头”，而士兵作为将军的手下，则可被比喻为“凤尾”。

虽然志在成为“龙头”者众多，愿以“凤尾”自谦者鲜少，但是真正的将军都是从优秀的士兵中脱颖而出的。没有士兵的历练与经验，将军的智勇与决策便无从谈起。因此，只有先踏实地做好“凤尾”，才能在未来成为真正的“龙头”。

“龙头”若缺乏“凤尾”的扎实经验，则最终可能沦为“鸡尾”。因此，“凤尾”不仅是“龙头”的基石，更是其成长的起点；而“龙头”则是“凤尾”不懈追求的目标与方向。只有先踏实地扮演好“凤尾”的角色，积累足够的经验与智慧，才能最终蜕变为一个卓越的“龙头”。

自大学毕业后，小钟便投身于一家新媒体公司，从摄像岗位起步。凭借其敏锐的洞察力、流畅的文笔以及对镜头的独特感知，他迅速在公司崭露头角，被公司高层调至办公室负责管理工作。在办公室，小钟的管理才华得到了充分展现，他能够精准地识别并解决工作中的问题，其卓越的能力赢得了广泛的认可。因此，他再次被提拔至战略决策部门。

在决策部门，小钟继续发光发热，他总能提出新颖独到的观点，决策严谨且实施简便高效，业绩斐然，令人瞩目。鉴于他的出色表现，公司老总决定将其晋升为副手。在进一步的了解中，老总惊讶地发现，小钟在业余时间还自修了研究生课程，并已顺利获得博士学位。小钟这种脚踏实地、不断进取的学习态度，以及他展现出的卓越能力，让老总对其赞不绝口，并对他的人品给予了高度评价。

小钟的职业生涯完美诠释了从基层做起的价值。虽然起点不高，但正是这段经历让他积累了丰富的经验，磨砺了实力，建立了广泛的人际关系。这种逐步的锻炼和实践，使他在面对更高职位时能够游刃有余，从容不迫。相较于那些骤然身处高位却难以胜任的人，小钟的选择显得更为明智和有远见。他通过扎实地做好基层工作，对整个公司的运作有了深入的了解，为他日后胜任领导岗位奠定了坚实的基础。

正如荀子所言："不积跬步，无以至千里；不积小流，无以成江海。"成就伟大的事业并非一蹴而就，往往是从基层开始，经历无数个微小的努力和积累。无论是成为卓越的将军、成功的企业家，还是备受尊敬的政治家，他们的道路都是从最基础的工作起步的。

以曾经竞选美国总统的亿万富翁佩罗为例，他曾是IBM公司的一名推销员；中国历史上著名的红顶商人胡雪岩，他的事业起点不过是为人跑堂、帮人算账。这些实例都证明，伟大的成就都是从微小的起点开始，逐步累积起来的。

同理，海洋之所以能成为最宽广的存在，正是因为它接纳了每一条小溪、每一条河流，成为它们共同的归宿和终点。

因此，我们每一个人都应该明白，成功需要时间和经验的积累，需要我们从最基础的工作做起，一步步迈向更高的目标。只有不断积累、不断前行，我们才能最终成就自己的伟大事业。

艾迪是一所名牌大学的高才生，毕业后在一家知名企业上班。经过2年的努力，艾迪被提升为市场部经理，薪资丰厚，前景光明，可谓春风得意，少年得志。可好景不长，随着市场环境的变化，公司进行了战略调整，将市场部撤销了，艾迪也在一夜之间成了一名普通的职员。这次变故让艾迪备感失落，他的工作热情也随之减退。

一个周末的清晨，艾迪正独自在市郊闲逛，心中充满了迷茫。此时，公司总经理的车意外地停在了他的面前。总经理邀请艾迪一同爬山，两人一同攀登至山顶，此时太阳已落，仅留下一片金色的余晖。总经理指着远处更高的山峰问艾迪："你觉得那座山与这座山相比，哪座更高大？"艾迪不假思索地回答："自然是那座，它是我们城市的地标。"总经理微笑点头，接着问："那么，我们该如何登上那座高峰呢？"艾迪沉思片刻后回答："首先，我们需要从这座山下去，再向那座高峰进发。"

总经理听后满意地笑了："你明白就好。有时候，看似向下的路，实则为我们打开了通往更高峰的通道。你一定希望我能直接提拔你为销售经理吧？但你要知道，销售和市场这两座高峰，除非你是天才，否则仍需一步一个脚印地攀登。我希望你不要局限于眼前的两座山峰，因为远处还有更多更高的山峰等待你去征服。"

这番话深深触动了艾迪的内心。他意识到自己在销售领域还有很多不足，需要不断学习和积累经验。于是，他下定决心要重整旗鼓，从基础做起，积累更多的专业知识和经验。1年后，艾迪凭借卓越的业绩再次晋升为销售部经理。3年后，他更是荣升为公司总经理的助理，开启了职业生涯的新篇章。

当今社会，类似的故事比比皆是，面对职业生涯中的挫折和困难时，我们不应气馁和放弃。相反，我们应该保持积极的心态，从基层做起，不断学习和积累，逐步提升自己的能力和水平。只有这样，我们才能攀登到更高的山峰，实现自己的职业梦想。

作为一名普通员工，身边人才济济，自己经常感到经验、能力和资历上的不足。这种随时可能掉队的危机感，正是推动我们不断超越自我、奋发图强的动力。我们应当认真观察并学习他人的优点和长处，识别并克服自身的不足，通过持续的学习和积累，不断提升自身的专业素养和综合能力。

在这个过程中，与其急于成为一个不称职的“龙头”，不如先踏实地做好“凤尾”。通过积累在基础岗位上的经验和知识，我们可以变得更加稳重、成熟，对工作的理解也会更加深刻。当再次面临职位转换时，我们便能以更加从容和自信的姿态，迎接新的挑战，成为更加优秀的“龙头”。

谋略智慧

无论我们在职业生涯的哪个阶段，从事何种工作，都不必过于在意起点的高低。只要我们有远大的目标，有坚定的信念，以及不断学习和进步的心态，就能够逐步实现自己的梦想。在追求成功的过程中，保持一颗平常心，低调做事，保持清醒的头脑，这样才能让我们在人生的道路上走得更远、更稳。要坚信，只要我们心中的火焰不灭，终有一天能够点燃属于自己的辉煌。

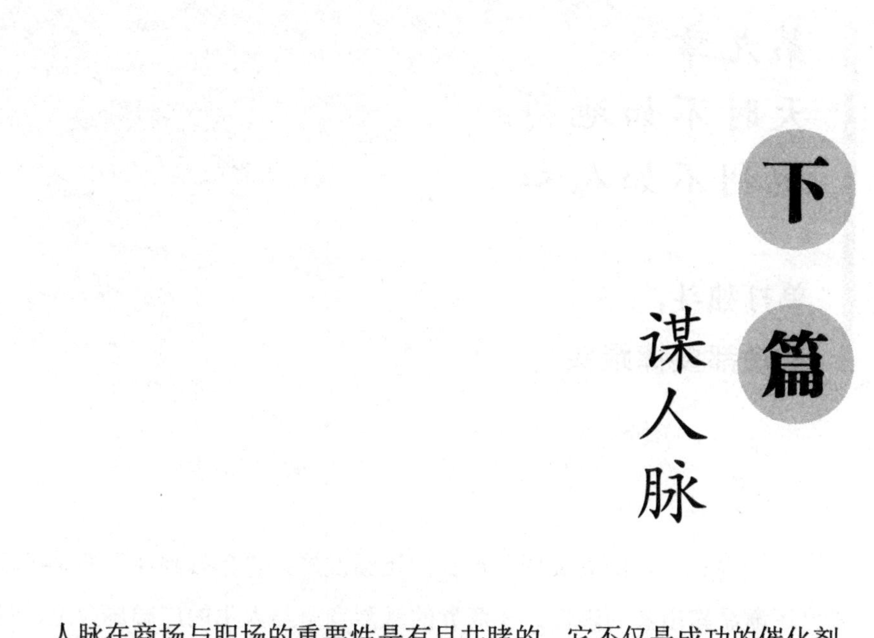

下篇 谋人脉

人脉在商场与职场的重要性是有目共睹的，它不仅是成功的催化剂，更是机遇的孵化器。鉴于其关键作用，我们有必要深入学习搭建人脉的技巧。这些技巧能帮助我们更有效地拓展社交圈，建立有价值的联系，从而在竞争激烈的环境中脱颖而出。通过学习，我们能更精准地识别并接触潜在的合作伙伴，获取宝贵信息，解决商业难题。同时，也能在职业道路上获得更多支持与指导，加速个人成长与晋升。

因此，掌握搭建人脉的技巧是每位职场人士和商人的必修课，它将成为我们通往成功的重要工具。

第九章 天时不如地利，地利不如人和

单打独斗，早晚都要摔跟头

在当今社会，随着文明与产业的迅猛发展，“单打独斗”的思维模式已逐渐显露出其局限性。在商界的激烈竞争与人生的广阔舞台上，过度强调个人英雄主义，往往会让我们忽视团队协作与社会协同的巨大力量，最终可能成为阻碍我们成长的无形障碍。

社会化大分工的深化，让合作成为通往成功的必经之路。正如古语所言，“独木不成林”，任何辉煌的成就都是集体智慧与汗水的结晶。精明的商人早已洞悉这一点，他们积极构建广泛的人脉网络，与志同道合的伙伴携手合作，共同面对挑战，实现资源的优化配置与风险的合理分担。

不只是商界，在科学界也从未有过真正的“孤胆英雄”。牛顿那句“我之所以看得比别人远，是因为我站在巨人的肩膀上”，不仅表达了对前人智慧的敬仰，更深刻揭示了团队合作在推动科学进步中的不可或缺性。娱乐界亦是如此，每一位光鲜靓丽的明星背后，都凝聚着无数幕后团队的心血与付出。

在热闹的都市商圈中，张总，这位来自温州的鞋业大佬，是大家公认的佼佼者，每年赚得盆满钵满，轻松过百万。一次聚会，几杯酒下肚，张总的话匣子就打开了，跟身边的朋友聊起了温州人做生意的那些“门道”，简单直白，却让人受益匪浅。

“朋友们，说实在的，北方人的勤奋和那股子韧劲，我是真心佩服。但为啥一说到做生意的成就，咱们温州人总能多出那么一份光彩呢？其实啊，这背后的原因不在地界，全在于咱们怎么想问题，特别是怎么看待那些‘小秘密’和怎么跟人合作。”

张总接着说：“就拿做鞋子来说吧，这行的高手遍地，南方的北方的都有。可为啥温州人能混得风生水起，不光吃饱穿暖，还能开上豪车？关键就在于咱们对待‘秘密’的态度不一样。”

“你们北方人，一旦逮着个赚钱的好点子，就想着自个儿偷偷干，生怕别人知道了来分一杯羹。这种心态吧，虽然能理解，但无形中就把路给走窄了。要知道，真正的金子，往往藏在大家一块儿挖的矿里。

“我们温州人呢，讲究的是‘一根筷子易断，一把筷子难折’。有啥好主意、好资源，咱们都是第一时间拿出来，跟亲朋好友、行业里的朋友一起琢磨，一块儿干。这么一来，好处可多了去了。

“第一，大家一块儿想，看得就全面，想得就周到，犯错的机会就少多了。第二，人多力量大，资金、资源、抗风险能力，哪一样都比单打独斗强得多。最关键的是，这样合作起来，市场变化咱能更快反应，好机会一抓一个准，市场份额自然就大了，竞争优势也就牢不可破了。”

张总越说越带劲，满脸都是自豪：“这就是我们温州人常说的‘抱团发展，一起赚钱’。一个人跑得快，但一群人才能跑得更远更稳。就像一只老虎再猛，也架不住一群狼的围攻。现在啊，单打独斗那套早就不吃香了，合作共享才是通往成功的正道。”

朋友听完之后，对温州人的智慧和眼光那是佩服得五体投地。原来成功的秘诀，不光靠个人的努力和聪明，更在于那份愿意分享、懂得合作的大局观。

在历史的舞台上，项羽与刘邦的较量，不仅是一场军事与领土的争夺，更是两种领导风格与人才观的深刻对比。项羽，这位英勇的西楚霸王，以其非凡的武艺和军事才能闻名于世，然而，他的刚愎自用和单打独斗的作风，却成了他最终失败的伏笔。

项羽在取得一系列胜利后，逐渐变得自满与独断，他更倾向于依赖个人的力量去解决问题，忽视了团队与人才的重要性。面对那些才华横溢、见解独到的谋士与将领，项羽往往因为他们的直言不讳或与自己意见不合而心生嫌隙，甚至不惜将他们逐出阵营。这种短视的行为，让项羽身边的人才纷纷流失，他亲手将自己推向了孤立无援的境地，一个反间计，最后的谋士范增也离他而去。

反观刘邦，他深知人才是成就大业的根本。在逐鹿中原的过程中，刘邦始终保持着开放的心态，广泛接纳来自四面八方的贤能之士。无论是智计百出的张良、勇冠三军的韩信，还是机敏过人的陈平，都被刘邦的诚意与胸怀打动，纷纷投效其麾下。刘邦不仅善于识别人才，更懂得如何运用和留住人才，他给予每个人充分的信任与施展才华的空间，让整个团队充满了生机与活力。

正是凭借这种卓越的人才观与团队作战的策略，刘邦逐渐壮大了自己的势力，最终在与项羽的决战中取得了胜利。而项羽，则因为单打独斗、人才流失而陷入了困境，最终落得个乌江自刎的悲惨结局。

一个人的力量是有限的，团队的力量则是无穷的。项羽的失败，在于他未能认识到这一点，而刘邦的成功，则在于他充分理解了人才与团队的重要性。这也给我们今天的领导者与企业家们带来了深刻的启示：在追求成功的道路上，只有善于接纳并运用人才，才能走得更远、更稳。

谋略智慧

欲成功，必抱团，自建或加盟皆可行。时代多变，独行难行远，择友同行，胜算添。以梦为引，聚才成队；以队为力，筑梦前行。梦想铸就人之辉煌，团队引领卓越之路；心怀感恩，幸福常伴；持续学习，蜕变自我；勇于行动，方得成功。

成功在于行动，更在于人脉

在现实社会中，不乏才华横溢却因缺乏良好人际关系而屡遭挫折的个例。相反，那些在商业领域取得辉煌成就的人士，均深刻意识到人际关系对于成功的重要性，并致力于构建和维护自己广泛而有效的人脉资源网络。

成功学领域的权威专家卡耐基，通过深入研究得出结论：在一个人的成功要素中，专业知识仅占较小的比例（约 15%），而人际关系则占据了压倒性的优势（高达 85%）。这一发现意味着，无论个人身处何种行业或专业领域，只要掌握了高效的人际交往技巧，便能在成功的道路上迈出坚实的一大步，同时也为个人的幸福生活奠定更加稳固的基础。

埃德沃·波克的非凡人生，是对“成功在于行动，更在于人脉”这一理念的生动注解。尽管早年因家境贫寒，仅能接受 6 年的正规教育，波克却凭借着不懈的自学精神与独到的社交洞察力，在逆境中崛起，最终成为备受瞩目的传记作家。

自幼随家人移民美国后，波克便直面生活的艰辛。年仅 13 岁，他便不得不辍学步入社会，在一家电信公司开始了他的职业生涯。然而，这并未能阻挡他对知识的渴望与对未来的憧憬。相反，他深知自我提升的重要性，更加珍惜每一个学习的机会。同时，波克也展现出了超越同龄人的远见卓识，他意识到人际关系对于个人发展的关键作用，并着手构建自己的人脉网络。

波克的独特之处在于，他巧妙地利用有限的资源——身边的一套美国名人录，主动向那些社会名流伸出橄榄枝。他鼓起勇气，直接向书中的名人写信，询问关于他们生平的趣闻逸事，这一举动在当时无疑是前所未有的。正是这种勇于尝试、敢于突破常规的精神，让波克逐渐获得了与众多政治领袖、经济巨擘及文学大师建立联系的机会。

随着时间的推移，年仅 14 岁的波克已经成功结识了美国各界的有名之士。这些珍贵的交往不仅拓宽了他的视野，更为他日后的创作生涯提供了丰富的素材与灵感。波克深知这些关系的价值，于是他开始积极利用这些资源，努力撰写文章，并向那些他敬仰的社会名流自荐，希望为他们撰写传记。

波克的才华与努力很快得到了认可，订单如潮水般涌来。为了应对繁重的工作量，他不得不雇佣多名助手协助其完成工作。在不到 20 岁的年纪，波克便以其卓越的文笔和深厚的人脉资源，在传记写作领域崭露头角，成为业界的佼佼者。

波克用自己的经历告诉我们，在追求成功的道路上，我们不仅要勇于行动、敢于尝试，更要注重人脉的积累与经营。人脉是我们在社会中生存与发展的重要支持系统，它能够帮助我们获得更多的机会、资源与信息，从而加速我们的成长与成功。

当然了，我们平时积累人脉的时候，不要总盯着那些达官显贵，可能他仅仅是个普通人，却也能在关键时刻给我们莫大的帮助。

清朝万历年间，京城内有一家生意兴隆的银楼，其掌柜岳广才以广结善缘著称。他乐于助人，无论求助者身份如何，只要力所能及，都会倾力相助。因此，他的朋友圈广泛，涵盖了从高官显贵到平民百姓的各类人士。

其中有个朋友叫蒋玉平，是个唱戏的，专门演花旦。岳广才的老婆看他们俩走得太近，就有点儿担心，说："戏子地位低，你跟他那么亲，怕影响你的名声。"但岳广才不这么看，他说："蒋玉平这人，讲义气，直性子，值得交！"所以，他还是继续和蒋玉平来往。

然而，几年后，岳广才的银楼遭遇了重大危机。官府在店内搜出了皇宫失窃的宝物，岳广才因不知情而误收，随即陷入困境。此案涉及皇宫，官府严查不怠，银楼被查封，岳广才也被捕入狱。

岳广才的妻子焦急万分，尝试向众多朋友求助，但多数人因惧怕牵连而避之不及。绝望之际，她想起了蒋玉平，决定向他求助。出乎意料的是，蒋玉平毫不犹豫地应承下来，承诺会全力相助。

蒋玉平虽为戏子，却拥有广泛的人脉资源，包括达官贵人和江湖豪杰。他历经波折，终于得知一名惯于偷窃皇宫财物的盗贼线索，并及时上报官府。经过数月的追捕，盗贼终被擒获，案件得以告破，岳广才也因此重获自由。

此事让岳广才夫妇深刻认识到，那些平日里看似风光无限的朋友，在关键时刻未必可靠；而蒋玉平这样看似微不足道的小人物，却能在危难之际发挥关键作用。这再次印证了"贵人不在位高权重，而在于心性品德"的道理。

因此，我们平时应广泛结交各类朋友，不应以身份地位论英雄。因为人脉的广泛与深厚，往往能在我们遇到困难时提供意想不到的帮助。

谋略智慧

深刻认识良好人脉价值的人，在社交场合更加主动，其人际关系网络因此更加和谐紧密。他们不仅在社会中游刃有余，更能在职业生涯中展现出非凡的成就与业绩。简而言之，掌握与人相处的智慧，是通往成功不可或缺的钥匙，它让个人在复杂多变的世界中稳健前行，成就非凡。

聚财先聚人，人脉就是财脉

人脉，作为社会生活中不可或缺的润滑剂与助力器，其重要性不言而喻。它不仅是信息传递、资源共享的桥梁，更是个人成就与财富增长的关键推手。缺乏了人脉的支持与协作，即便才华如星辰般璀璨，也可能因孤军奋战而黯然失色，难以在激烈的社会竞争中脱颖而出，实现财富的累积与事业的辉煌。

在中国台湾省，有一位传奇商人，自其商业生涯之初，便深刻认识到构建人脉的重要性。在涉足木材贸易的初期，他采取了极为宽松的客户政策，允许客户在售出木材后再行结算，且无须任何形式的担保。这一举措非但未引发任何信用风险，反而因其对每位客户个性的深入洞察与对其经营困境的深切理解，赢得了客户的广泛信任与尊重，迅速构筑起坚实的友谊桥梁。

曾有一位与这位商人在建筑领域有过合作的知名企业董事长，在面临资金周转难题时，向其坦诚相告。商人闻讯后，立即慷慨解囊，借出大量金条以解其燃眉之急，且未收取任何利息。此举不仅展现了其深厚的情谊，更促使双方关系升华至挚友层面。自此以后，该董事长的所有建筑工程所需木材均定向采购于该商人，成为其最为稳定的大客户之一。

日后，当回顾这段历程时，商人感慨道：“正是得益于在木材行业内广泛建立的深厚人脉，我才能够迅速崛起，稳固自身地位。”此后，他继续在建筑业深耕发展，木材厂的生意亦是蒸蒸日上，成为业界的佼佼者。

柴田和子，这位来自日本东京的女性，她的职业道路充分展示了人脉的重要性，最终让她取得了巨大成功。高中毕业后，她在“三洋商会”工作，虽然之后为了家庭暂停了工作，但那段时间她结交的朋友成了她后来成功的关键。

1970 年，31 岁的柴田和子重新回到职场，加入了“第一生命株式会社”，在保险行业闯出了名堂。她进步飞快，到 1988 年还成了全球寿险销售冠军，这个纪录到现在都没人打破。她一年的销售额，比得上好几百个同事加起来的总和，这全是靠她的人脉资源。

柴田和子知道人脉就是钱脉，所以她经常联系以前的同事、高中同学，还通过他们认识更多人。她懂得利用朋友的介绍，把每次认识新人的机会都变成可能的合作。尤为值得一提的是，柴田和子具备高度的策略眼光，她深知在资源有限的情况下，应聚焦于那些能带来最大效益的关键人物——企业老板。通过直接对话决策者，她能够迅速达成合作意向，进而利用老板们背后庞大的人脉网络，实现销售网络的几何级增长。这种精准高效的人脉运用策略，是她能够在竞争激烈的保险行业中脱颖而出的关键。

柴田和子的故事是对“人脉就是财富”这一理念的生动诠释。在追求事业成功的过程中，人脉资源的构建与维护至关重要。它不仅能够为我们提供宝贵的信息资源，更能在关键时刻助力我们跨越难关，实现事业的飞跃。因此，我们应当重视并善于经营自己的人脉网络，让它在我们的职业生涯中发挥最大的价值。

谋略智慧

随着社会的快速发展，人际关系不断交织变化，变得更为多样、复杂。为此，我们需要加倍努力，采用多种方法，细心经营各种人际关系。理解并掌握人际关系的奥秘，人脉就会成为我们最宝贵的资源，助力我们在事业上稳步前行，持续取得成就。

因此，积累和运用人脉至关重要，它是改变命运的关键因素。正如好莱坞流行的一句话："成功不仅在于知识的积累，更在于你与谁同行。"这简洁地说明了人脉对个人成长和发展的巨大影响。

珍惜自己的“圈子名声”

珍惜个人在社交圈中的“名声”，本质上就是维护个人的良好声誉。作为衡量个人品行与社交成功的关键指标，塑造并维持个人口碑的正面形象，直接影响着个人的人脉网络以及事业发展的顺畅度。

良好的口碑，作为一种无形的宝贵资产，深刻影响着他人对我们的看法与评价。它如同一张隐形的名片，展现着我们的诚信、可靠与责任感，从而吸引更多的机遇与合作资源。相反，若口碑不佳，则可能招致排斥与疏远，错失诸多良机。

在人际交往中，一个拥有良好口碑的人，往往被视为诚实可信、值得信赖的伙伴。他们的言行一致，勇于担当，自然能赢得周围人的尊重与亲近，促进更广泛、更深入的合作关系。反之，那些言行相悖、缺乏责任感的人，则难以赢得他人的信任与好感，进而限制了自身的发展空间。

《史记》中“一诺千金”的典故，深刻诠释了季布作为汉初游侠的非凡人格魅力与口碑的重要性。

季布，其生卒年虽不详，却为楚地所公认的豪杰之士，其事迹被详尽记录于《史记》之《季布栾布列传》篇。据载，季布在故里之时，便以乐于助人著称，凡其应允之事，无论艰难险阻，皆能信守承诺，克难而成。因此，他赢得了极高的声誉，民间甚至有“得黄金百两，不如季布一诺”之谚，足见其承诺之价值远超金银，切实能够为人排忧解难。故而，时人遇困，皆以“求助季布”为首选，信誉之隆，可见一斑。

史籍虽未详述季布所承诺与践行的具体事例，但观其声誉之盛，不难推断其于大小事务中皆能秉持竭诚尽力、真诚以待的态度，从无敷衍塞责之举。在助人之道上，季布显然属于那种倾尽所能、全力以赴之人，其高尚品德，在后续历史记载中更是彰显无遗。

季布初时追随项羽，不仅以信义著称，且勇猛善战，多次令刘邦陷入窘境，故而为刘邦所深恶痛绝。及至项羽败亡，刘邦对项氏旧部展开清算，季布因屡挫刘邦锋芒，自然成为首要打击对象，遭到通缉，并严令敢有藏匿者，必诛其三族。

在此生死存亡之际，季布幸得濮阳周氏之援手。周氏深慕季布为人，甘愿冒生命危险相救，言辞恳切，尽显二人间深厚情谊。季布感念其恩，遂依计乔装改扮，藏匿于运往鲁地之货车中。抵达鲁地后，季布为朱家所购得。朱家非但不惧牵连，反以家人之礼相待，此足见季布昔日对朱家恩惠之深厚，方能换得今日之庇护。

朱家之主亦非等闲之辈，他亲赴洛阳，面见西汉开国功臣、与刘邦交情匪浅的汝阴侯夏侯婴，为季布求情。夏侯婴虽知朱家来意，却仍被朱家所陈之理打动，对季布的才德表示认可。

朱家趁机进言，指出刘邦因私怨而捕季布，此举不仅有损个人声誉，更可能迫使季布投敌，于国家不利。夏侯婴深以为然，遂入宫面见刘邦，力陈季布之无辜与可用之处，最终促使刘邦赦免季布，并委以官职。朱家亦因此事而声名鹊起。

综观季布的经历，足可见良好声誉之重要性。它不仅关乎个人荣辱得失，更可能关乎生死存亡。季布之所以能于绝境中得救，全赖其平日积累之善行与良好声誉。而连昔日之敌手亦愿为其发声求情，更彰显了季布卓越的品德与非凡的人格魅力。

同样，在职场或事业领域，良好的口碑也是成功的重要推手。一个被公认为实力强、经验丰富、责任心重的个体，更容易获得同事的认可、上司的赏识以及客户的信赖，从而获得更多的发展机会与资源支持。相反，若口碑不佳，则可能面临被边缘化、错失晋升机会等不利局面。

某公司在招聘销售副总裁的过程中，遇到了一位引人注目的候选人。他虽出身平凡，学历并非顶尖，但凭借丰富的实战经验和在面试中展现出的独到市场见解及强大能力，迅速赢得了公司的青睐。他与公司高层的理念不谋而合，因此公司对他寄予了很高的期望。

然而，在进行严格的背景调查后，公司发现了一个令人震惊的事实。原来，这位候选人在前一家公司时，竟然伪造了股东的签名，企图将公司一半的股份非法转移到自己名下。这一行为不仅触犯了法律红线，也严重违背了职业道德和商业诚信的基本原则。尽管后来由于种种原因，他并未受到刑事追究，但这种不诚信的行为无疑给公司敲响了警钟。

面对这一严峻的现实，公司不得不重新评估这位候选人的可靠性和适合度。尽管他在销售领域的实战经验和市场见解令人印象深刻，但公司认为，诚信是任何职业都不可或缺的基本品质。一个缺乏诚信的领导者，无论其能力多么出众，都可能给公司带来无法估量的风险。

因此，经过慎重考虑和深入讨论，公司最终决定放弃录用这位候选人。这一决定不仅体现了公司对诚信价值的坚守，也提醒了所有员工和潜在候选人：在职场中，口碑和诚信是至关重要的。

同时，这一事件也促使公司进一步加强了招聘流程中的背景调查环节。公司意识到，只有通过严谨、全面的背景调查，才能全面了解候选人的综合素质和潜在风险，从而做出更为明智的用人决策。

谋略智慧

职业操守是职场基石，不应为短期利益牺牲品行与原则。职场口碑源自日常点滴积累，虽不显山露水，却如征信般重要，关键时刻助你一臂之力。个人品牌与职场口碑相辅相成，是职业发展的隐形推手。让我们共同珍视，通过诚信、专业与责任树立正面形象，让口碑成为我们最坚实的后盾。

第十章 与人合作，舍小利才能有大作为

打铁还需自身硬，想借势先自强

面对生活的困境与挑战，人们往往期待外界的智慧或力量能迅速指引出路，这种心态短期内或许能带来安慰，但长远来看并非解决之道。外界的援助固然重要，但能让自己真正跨越难关的，是内心的坚韧不拔和不懈的努力。

因此，坚持“借势先自强”的原则，即在寻求外界帮助之前，先专注于自我提升——不断学习新知识，增强技能，打牢基础，为应对未来的挑战做好充分准备。无论我们依靠的是多么强大的外部条件，如得到贵人的相助、拥有优越的平台、与优秀的伙伴合作或处于繁荣的市场中，个人的硬实力始终是这一切的基石。只有当自己足够强大，具备独特的竞争力和价值时，才能吸引并整合更多的资源和机会，从而在合作中占据优势，实现双方的共赢。这样的理念，不仅适用于个人成长，也对企业和社会的发展具有重要的指导意义。

小王，一个“80 后”的年轻人，带着梦想进入职场，在一家知名企业工作。时间流逝，他的事业正蓬勃发展时，一场经济危机突然爆发，让他失去了工作。面对生活的压力，小王感到十分迷茫和失落。

但是，小王没有放弃自己，而是决定要重新站起来。他明白，只有自己变得更强，才能打破困境。于是，小王开始仔细思考自己的优点和不足，对自己进行了深入的分析。

为了让自己的实力得到提升，小王报名参加了各种职业培训，努力学习新知识，不断提升自己的技能。同时，他也积极参加社交活动，结识了很多新朋友，这些朋友和他有着共同的目标和追求。这些经历不仅让小王的专业能力有了显著提升，还让他学会了如何更好地与人合作，在团队中发挥更大的作用。

渐渐地，小王的能力得到了大家的认可。终于，他找到了一家初创公司，开始了新的工作。在这里，小王运用自己积累的知识和经验，成为公司的关键人物，推动公司不断向前发展。

小王的故事展示了自强与借力的关系。它告诉我们：在这个复杂多变的社会里，只有先让自己变得强大，才能赢得他人的尊重和机会；同时，善于借助他人的力量，也能让成功的路更加平坦。那些在小王生命中给予帮助的人，正是因为看到了他的努力和潜力，才愿意支持他，与他一起创造更美好的未来。

李明，一个刚从名牌大学毕业的青年才俊，带着满腔的热情和对未来的无限憧憬，踏入了一家业内知名的科技公司，成了一名实习生。他的简历上闪烁着耀眼的光环，每一次面试的表现都让人印象深刻，仿佛他天生就属于这个舞台。

然而，职场远比校园复杂多变。初入职场的李明，很快便发现，这里的竞争远比想象中激烈，而工作内容的琐碎与压力，也让他有些措手不及。起初，他凭借着过人的学习能力和聪明才智，迅速掌握了基本技能，但随着时间的推移，一种微妙的变化悄然发生——他开始对日复一日的重复性工作感到厌倦，对遇到的难题选择了逃避，而不是积极寻找解决方案。

部门经理张总，一个以严厉著称却又极具眼光的领导者，注意到了李明的变化。他几次尝试通过私下交流、分配更具挑战性的任务来激发李明的潜能和积极性，但遗憾的是，李明似乎总是缺乏那份主动和坚持。最终，在一次项目评估会上，李明因多次未能按时完成任务且态度消极，被正式通知未能通过实习期。

面对这一结果，李明内心充满了不解与愤懑，他认为自己是被误解的，于是在离职前夜，他鼓足勇气，走进了张总的办公室，准备进行一场“讨说法”的对话。

办公室里，灯光柔和，却难掩两人之间紧张的气氛。李明深吸一口气，开口道：“张总，我一直认为自己有能力也有潜力，但我不明白，为什么我会被贴上‘工作态度不积极，主动性差’的标签？作为上司，您不是应该引导我、帮助我成长吗？”

张总闻言，眼神中闪过一丝复杂，他缓缓说道：“李明，你确实拥有出色的学历和天赋，但职场不是学校，它更看重的是一个人的责任心、执行力和自我驱动力。我作为上司，确实有责任指导你，但真正的成长，需要你自己去争取、去拼搏。你提到的‘拉你一把’，那其实是在你即将跌倒时给予的一丝助力，而非全程搀扶。如果你自己不愿意站起来，不愿主动向前，那么再强大的外力也无法让你走得更远。”

停顿片刻，张总继续说道：“你要明白，这个世界上没有无缘无故的成功，也没有谁会永远是你依靠的港湾。你需要学会独立，学会在风雨中自我成长。正如你所说，‘种好梧桐树，自有凤凰来’，只有当你自己成为那棵枝繁叶茂的梧桐，才能吸引更多的机遇和贵人。记住，天不度人，人需自度。未来的路，还需你自己一步步去走，去证明自己的价值。”

这次对话，对李明来说，无疑是一次深刻的教训和灵魂的触动。他开始反思自己的行为和态度，逐渐意识到，真正的强大，是从内心深处生发出的力量，是对自我不断超越的渴望。从此，他带着这份领悟，踏上了新的征程，用实际行动证明了自己的价值，最终在职场上找到了属于自己的位置。

谋略智慧

真正内心强大的人，在遇到困难时，首先会选择自我奋斗，尝试通过自身的努力去寻找解决方案，而不是一遇难题就急于向他人求助。他们深刻理解到，人生的道路上没有捷径可走，最可靠的贵人，始终是自己。正如树木在受伤后结疤的地方，往往也会成为其最为坚硬的部分；我们在经历挫折与磨难后，那些曾经的伤痛，最终都会成为我们内心最坚强的支撑。

人脉的最高境界是“互利”

“人脉”一词，其内涵丰富，但究其本质，核心在于“互利”。所以有人提出“你一点儿利用价值都没有，还谈什么人脉”的犀利言论，这不仅深刻揭示了人脉的内在逻辑，也直接点明了职场交往的黄金法则。真正的人脉，绝非单向的索取或无私的奉献，而是建立在相互尊重与平等交流之上的价值交换与共享平台。

每个人都是独一无二的，携带着各自独特的技能、宝贵的经验和丰富的资源。当这些差异化的要素在相互融合、互补中碰撞出火花时，便能激发出超乎寻常的协同效应，不仅显著提升团队的整体效能，更促进了个体与组织在相互成就中共同成长。因此，职场中的佼佼者，往往擅长发掘并展现自我价值，同时也不忘欣赏并珍视他人的价值，从而构建起基于互利原则的坚固人脉网络。

“范蠡贩马”的故事，堪称历史上早期协同竞争与合作双赢的典范。范蠡初至陶邑，因资本有限，难以拓展大生意，仅能以经营粮盐为生。然而，陶邑作为商贾云集的交通枢纽，为他提供了丰富的信息来源。其中，吴越地区对良马的需求尤为迫切，激发了范蠡涉足贩马业的雄心。

范蠡深知北方购马便捷，且吴越市场广阔，但运输难题却如横亘之山。长途跋涉耗资巨大，更兼时局动荡，盗匪横行，令众多商贾望而却步。面对此困境，范蠡并未放弃，而是持续搜集信息，寻找破局之策。

终于，他通过市场调研得知，北方有位名叫姜子盾的巨商，常年往返吴越贩运麻布，且以财力疏通了沿途势力，确保了运输安全。范蠡心生一计，决定借助姜子盾的“安全通道”。他撰写榜文，宣布新组马队，以开业酬宾之名，提供免费运输服务至吴越。此举迅速吸引了姜子盾的注意，主动寻求合作，希望范蠡能为其运送麻布。

范蠡欣然应允，双方携手踏上旅程。在姜子盾的庇护下，马匹与麻布均安然抵达吴越。范蠡借此良机，成功售出马匹，收获颇丰。若无姜子盾之力，范蠡的马匹恐难逃劫数。此番合作，不仅让范蠡实现了盈利，也为姜子盾带来了便利，二人因此结下了深厚的商业友谊。

“范蠡贩马”的故事深刻揭示了互惠互利的商业智慧。在商海中，单打独斗往往难以立足，而借势合作、协同竞争则能开辟双赢之路。范蠡的成功，正是对这一理念的生动诠释。

值得注意的是，互利并非权谋的代名词，而是一种追求双赢的智慧之道。在职场交往中，有人或许会误将“互利”理解为利用与操纵，但真正的互利精神远不止于此。它倡导的是在追求自身合理利益的同时，也要真诚地关心并尊重他人的权益，通过积极的合作与坦诚的分享，实现双方乃至多方的共同成长与繁荣。

邓先生，一位风华正茂的青年演员，以其俊朗的外貌与不俗的演技在业界初露锋芒，展现出巨大的发展潜力。然而，作为新晋艺人，他亟须有效的包装与宣传以扩大知名度，而此过程往往伴随着高昂的资金需求，这对于个人而言无疑是一大难题。

机缘巧合，邓先生偶遇了杨女士，一位在公共关系领域拥有丰富经验且人脉广泛的专家。杨女士曾服务于纽约知名公关公司，深谙行业之道，后因个人规划离职创办了自己的公关公司。遗憾的是，初期因公司知名度有限，难以吸引大牌艺人或歌手的合作，业务主要依赖小规模订单维持。

杨女士以其独到的眼光发现了邓先生的潜力，而邓先生也正寻求专业的公关支持以加速个人品牌塑造。基于双方的需求互补，两人迅速建立起合作伙伴关系，并逐渐深化为挚友。

在他们的共同努力下，合作成效显著。杨女士凭借其专业能力，成功提升了邓先生的市场价值；而邓先生的成功案例，也反哺了杨女士的公司，使其在业界声名鹊起，业务蒸蒸日上。

随着事业的发展，邓先生进一步创立了自己的影视公司，并慷慨地给予杨女士公司股份，同时，他影视公司旗下的众多艺人也与杨女士的公关公司建立了稳定的业务联系，形成了双赢的良性循环。

邓先生与杨女士的合作，深刻诠释了互惠互利的真谛。在现实中，人际关系的稳固与发展往往建立在双方需求得到满足的基础之上。尤其是在竞争激烈的商业环境中，唯有通过各取所需、互利共赢的合作模式，方能汇聚更多资源，推动事业迈向新的高度。

谋略智慧

聪明的人都明白，要想在事业上干出一番成就，就得找那些想法一样的人一起努力。大家互相帮助，一起克服困难，这样才能一起成功，达到大家都好的结果。但是呢，也有人觉得自己一个人就能搞定所有事情，觉得靠自己就能成为最厉害的人。其实这样很难，特别是那些有大梦想的人，更需要多交朋友，多借助别人的力量，这样才能跨过一道道难关，让自己的梦想成真。所以，最聪明的做法就是大家团结起来，一起想办法发展，这样才能在事业上走得更远更高。

投之以桃，报之以李

投桃报李，简单来说，就是“你对我好，我也对你好”。这是一种非常朴素而直接的人脉维护方式。想象一下，如果你帮了朋友一个忙，他后来也记得你的好，在你需要的时候伸出援手，你是不是会觉得很温暖，觉得这份友情很值得珍惜？这就是投桃报李的力量，它让彼此的心更贴近，让关系更加牢固。

反过来，如果别人帮了你，你却什么也不做，甚至觉得理所当然，那下次别人可能就不愿意再帮你了。因为谁也不想自己的付出被忽视，被当作理所当然。所以，投桃报李也是为了维护人与人之间的公平和尊重。

在春秋时期，秦穆公携众将领至梁山狩猎，身为爱马之人的他，自然不会错失此番“展马”良机，遂特命牧马之官精选数匹骏马伴行。

沿途之上，秦穆公策马扬鞭，领于前阵，捕获野鹿、狡兔等猎物无数，赢得了将领们的纷纷赞誉。其心情愉悦，遂与众将领流连数日，尽享山林之乐。

然而，当返程之际，牧马官惊觉数匹宝马不翼而飞，惶恐至极，深知若此事为君上所知，必严惩不贷。

牧马官急率众搜寻，终觅得马匹遗骸，仅余皮毛与白骨。原来，此等良驹竟为附近流民所窃，杀而食之。彼等所谓“野人”，实乃春秋时失去土地、四处漂泊之民，衣不蔽体，以狩猎野味、采集野果为生，对秦穆公宝马之价值一无所知，仅视之为凡马而享用。

牧马官怒不可遏，欲将野人悉数绑缚，呈于秦穆公治罪。秦军将士闻讯，迅速将野人围困，令其动弹不得。

消息传至秦穆公耳中，其亲临现场，目睹宝马遗骸，怒意油然而生。将领们群情激奋，高呼：“主公，当诛此等贼寇！胆敢窃食主公宝马！”

然秦穆公凝视野人惊恐之状与褴褛衣衫，心中动容，沉吟片刻后，长叹一声：“罢了，饶他们一命吧！”牧马官不解其意，言道：“主公，彼等已食您之宝马。”秦穆公答曰：“宝马虽贵，岂可因之而杀人？况乎马死不能复生，何忍再添人命。”言罢，即令手下取美酒来，谓众人曰：“闻食马肉而不饮酒，恐有中毒之虞，吾今赐酒，以保安康。”

野人闻此，方知得救，感激涕零，向秦穆公背影叩拜，誓言他日必报此恩。

时光荏苒，至公元前645年，因晋惠公屡受秦穆公之恩，却屡行背信弃义之事，秦穆公遂决意兴师伐晋。彼时，秦国兵力不及晋国三分之二，且国内方遭饥荒之困。野人闻讯，感念旧恩，毅然挺身而出，三百余众悄无声息地追随秦军。

两军战于韩原，初时秦军势如破竹，晋军溃不成军，晋君亦被击落马下。秦穆公见状，勇气倍增，亲率精锐冲锋陷阵。不料遭遇晋军精锐部队围困，护卫大将战死沙场。晋军意图生擒秦穆公，形势危急。

正当秦穆公绝望之际，忽见西侧小路杀出一队人马，为首者高呼：“勿伤吾主！”未及晋军反应，此队人马已冲入战阵，以雷霆万钧之势击溃晋军，不仅救出秦穆公，更顺势逆转战局，使秦军转败为胜。

战后，秦穆公询及援军来历，野人答曰：“主公是否忆及当年梁山失马之事？吾等即为当日所赦之野人。”秦穆公恍然大悟，见彼等虽衣衫褴褛、足蹬草履，却英勇无畏地护卫自己，不禁动容，欲赐官职并赠财物以酬其功，然皆被婉拒。野人言：“吾等仅为报答主公昔日之恩德。”言毕，即离去无踪。

此即“秦公失马”之典故，彰显了秦穆公之宽宏大量与仁心善举。他的一念之仁慈，不仅宽恕了300位野人的过失，更意外地收获了这些勇士的深厚忠诚与誓死相报的决心。归根结底，真正解救他于危难之中的，并非仅仅是那300位野人的力量，而是他早年种下的善良之因，如今结出了庇佑自己的果实。这一事件深刻诠释了“赠人玫瑰，手有余香”的道理——给予他人帮助，往往也是为自己铺设了一条通向福祉的道路。

战国时期，贵族阶层盛行豢养门客的风气，其中孟尝君以广招贤士而闻名遐迩。孟尝君在招募门客时，遇到了一位自称无特殊爱好与才能的冯谖。尽管如此，孟尝君仍展现其宽宏大量，接纳了冯谖。然而，下人们因未察冯谖之才，故多轻视之，给予粗简待遇。

某日午后，冯谖倚柱击剑而歌，言及无鱼可食，孟尝君闻讯后，即命人改善其伙食，并将其纳入正式食客之列。不久，冯谖又歌曰出行无车，孟尝君再次应允，赐其车马，与众食客同享待遇，令冯谖倍感欣慰。

而后，冯谖复歌家中老母难以供养，初时旁人未敢禀报，但孟尝君偶闻其歌，询问得知冯谖有母，遂命人送去食物，自此冯谖歌声止息。

一日，孟尝君需人前往薛邑收债，冯谖主动请缨，并签下名帖。孟尝君初见其名，颇感惊喜，方知他就是那位击剑高歌的门客。孟尝君深感歉意，于客厅中向冯谖致歉，并委以重任。临行前，冯谖询问收债后应购何物，孟尝君笑言家中所缺物皆可买回。

冯谖抵达薛邑后，召集债户验对票据，随后假托孟尝君之命，宣布免除所有债务，并当众焚毁债券。此举深得民心，百姓对孟尝君感激涕零，誓言永不忘其恩德。

次日清晨，冯谖匆匆返回，孟尝君见其速归，甚感诧异。冯谖禀报债务已清，并言及“买义”之事。他解释道，孟尝君府中虽富，却独缺“义”字。因此，他擅自做主，免除了薛邑百姓的债务，以此为孟尝君赢得了民心与声望。孟尝君初闻此言，虽感不悦，但木已成舟，只好如此。

一年后，齐湣王向孟尝君表达了他的顾虑：“寡人思虑再三，不敢轻易起用先王（齐宣王）之旧臣作为自己的重臣。”孟尝君听出了这是齐湣王不愿用他的托词，于是决定返回自己的封地薛邑定居。

当孟尝君的车队距离薛邑尚有一段距离时，众多百姓已扶老携幼，在路边翘首以盼，热烈欢迎他的归来。坐在车中的孟尝君回望冯谖，笑道：“先生为我争取的‘民心’，今日我亲眼见证了。”冯谖则借此机会进言：“狡兔尚需三处藏身之所以求安全，何况是人呢？您现在只有一处安身之地，尚不能说是完全无忧。请允许我再为您谋划两处后路。”孟尝君点头表示赞同。

得到孟尝君的许可后，冯谖启程前往西方的魏国进行游说。

抵达魏国后，冯谖拜见了魏惠王，陈词道：“齐国如今将贤能的大臣孟尝君放逐国外，哪个诸侯国若能得他相助，定能国富兵强。”魏惠王深以为然，随即决定调整相位，空出位置以待孟尝君。

魏惠王随即派遣使者，携带千斤黄金与百辆华车，前往薛邑诚心聘请孟尝君。冯谖则先行一步返回齐国，四处传播这一消息，并在薛邑提醒孟尝君：“魏国以千金之礼、百车之盛来聘，齐国岂能不知？”孟尝君听后只是微笑，并未言语。魏国的使者多次往返，孟尝君均婉拒了高官的邀请。

这一消息迅速传回齐国，君臣上下无不震惊。齐湣王深感懊悔，立即命太子的老师携带更加丰厚的礼物——千斤黄金、两辆装饰华丽的马车，以及自己随身佩带的宝剑，并附上亲笔书写的道歉信，前往薛邑向孟尝君致歉。信中言辞恳切："寡人不幸，一时被奸佞蒙蔽，错待了先生。先生之才，寡人望尘莫及。望先生能念及先王之谊，重返朝堂，共治国事。"

此时，冯谖再次提醒孟尝君："您可应允回朝任职，但须请齐湣王分赐先王祭祖之器于您，于薛邑建立宗庙，以固根本。"孟尝君依计而行，齐湣王亦爽快答应。

宗庙落成之日，冯谖对孟尝君说："至此，三处安身立命之所已备，您可安心无忧了。"

此后，孟尝君在齐国担任宰相数十年，其间虽历经风雨，却始终安然无恙，这离不开冯谖的精心策划与深远布局。

我们回想一下，孟尝君或许并未给予冯谖过多的重视或优厚的待遇，但冯谖却从这份初步的"投桃"中，感受到了孟尝君的知人善任与不拘一格。这份信任与机会，在冯谖心中种下了报恩的种子。

于是，冯谖开始以实际行动来"报李"。他不仅在管理孟尝君的封地薛邑时展现出卓越的才能，还凭借自己的智慧与勇气，多次为孟尝君化解危机，巩固地位。冯谖的每一次成功，都是对孟尝君最初"投桃"之恩的深情回馈，同时也是对自己价值与能力的证明。

在这个过程中，冯谖并未计较个人得失，而是将全部心力都投入为孟尝君效忠的事业。他的忠诚与奉献，不仅赢得了孟尝君的认可与尊重，更在诸侯国间传为佳话，成为"投桃报李"美德的典范。

谋略智慧

中国历来崇尚礼尚往来的传统，这仿佛是人们交往中不言自明的默契法则。在人际交往中，我们注重互惠互利，双方需共同维护利益的平衡。一旦这种平衡被打破，关系便可能因此破裂。真正的交往，应当是相互帮助、有来有往，以真心换真心，这样不仅能赢得更多人的支持与信赖，也能让友谊之树更加根深叶茂。

人与人之间的相处，就像玩跷跷板一样，需要高低起伏、相互配合。那些总是斤斤计较、不肯吃亏让步的人，或许能暂时占得一些便宜，但长此以往，他们必将失去人心，被众人疏远。相反，当我们接受了他人的帮助或好意时，及时给予回报，这不仅体现了我们的感恩之心，也有助于促进双方关系的进一步发展。这样的行为，无疑会让我们的交往之路更加宽广顺畅。

最高明的博弈，就是欲取先予

无论商家涉足哪种领域，盈利都是其不变的核心追求。但正如古语所云，“欲取之，必予之”，商家若想收获丰硕的果实，就必须勇于舍弃眼前的部分利益，采用那些初看似乎“亏本”实则蕴含深谋远虑的经营策略。

这种策略，表面上看是在做减法，实则是在为未来的加法铺路。商家通过精心设计的“微损”，激发了市场的连锁反应，吸引了顾客的好感与忠诚，从而在长期内实现了盈利的最大化。这不仅是商家智慧与胆识的体现，更是对“欲取之，必予之”这一古老智慧的深刻理解和灵活运用。

在个人的事业道路上，这一道理同样适用。我们不应被眼前的得失迷惑，而应拥有更广阔的视野和更长远的规划。在关键时刻，主动让渡部分利益，承担短期内的损失，往往能够为我们赢得更多的信任和支持，为未来的成功奠定坚实的基础。

宋公子鲍胸怀壮志，长期以来，他内敛锋芒，默默积蓄力量。为实现远大理想，他广开财路，不惜散尽家财，慷慨资助，解救困厄，因此在民间树立了极高的威望。

宋昭公七年（前613年），宋国遭遇空前严重的自然灾害，粮食短缺，百姓生活陷入绝境。然而，宋昭公却沉迷于奢靡享乐，忽视国计民生。

面对此情此景，公子鲍毅然决然开启自家粮仓，赈济灾民，以解民间疾苦。他不仅在救济行动上表现卓越，更在分配上细致入微，确保每位老者得以温饱，老臣贤士得到慰藉，人才得其所用，宗族亲眷亦得关怀。

次年，灾情未减，公子鲍粮仓告急，无奈之下，他向襄夫人求助，希望借粮续济。此时，公子鲍的仁爱与大义已传遍四海，民众视其为救星，纷纷愿助其登位。襄夫人亦转变观念，决定支持公子鲍取代失德的宋昭公。

一日，襄夫人密告公子鲍，宋昭公将外出狩猎，此乃天赐良机。鉴于公子鲍长期对民众的慷慨与恩惠，军队与百姓皆对其深怀敬意，早已期盼其掌舵国政。闻听公子鲍想要成为国君，众人无不响应，誓死相随。

最终，在民众的热烈拥戴下，公子鲍顺利登基，即后来的宋文公。宋文公深谙“欲取先予”之道，他慷慨赈灾，虽家财散尽，粮仓空虚，仍坚持此道，即便借贷亦不改初衷，展现了非凡的领袖风范与牺牲精神。

安利公司是从地下室创办起来的小公司，现在变成了美国有名的大直销公司。它为什么能发展起来呢？很大原因，就是它早期有个叫“霸格”的免费试用包。这个“霸格”里装满了安利的各种产品，比如清洁剂、洗发水、杀虫剂等等。推销员会到顾客家，留下“霸格”的产品包，让他们试用几天，还不收钱。

推销员在给顾客试用产品后，通常会询问顾客的感受和是否愿意购买。很多人因为试用后发现产品不错，加上感觉像是免费得到了好处，就决定买上几样。毕竟，很少人能在试用时就把所有产品都用完，所以推销员会带着剩下的产品去下一家继续推广。

其实，那些愿意购买“霸格”产品的顾客，主要是因为他们享受了免费试用的机会，心里觉得占了小便宜，所以当推销员问他们要不要买时，很多人就顺势答应了。当然，其中可能也有部分顾客并不是真心需要这些产品，只是被这个优惠吸引了。

说到底，这就是个很朴素的道理：想要别人听你的，或者愿意和你打交道，你得先给对方一点儿好处或者展示你的诚意。就像我们交朋友一样，你得先对人家好，别人才可能同样对你好。这个道理也像农民种地一样，你得先播种、耕耘，到秋天才能有收获。

谋略智慧

当我们接受了他人的馈赠或帮助时，内心会充满感激，并产生一种想要“回报”的想法。我们渴望以某种方式回馈对方，无论是直接回报还是寻找未来的机会。这种心理促使我们努力寻找途径来平衡这份“债务”。

实际上，给予与收获是成正比的。你给予他人的越多，特别是那些真正满足他们需求的好处和实惠，你越有可能得到更丰厚的回报。这是一种简单的道理：要想从别人那里得到关照和支持，首先得学会慷慨地给予他们所需。记住，“舍得”二字，有舍有得，有付出才有收获，这是人际交往中不变的真理。

“打动”比“说服”更重要

在和谐的人际交往中，说服或许能暂时调整对方的行为或观念，但其根基往往局限于逻辑与理性的框架内，忽略了情感的细腻交流。相比之下，打动人心则是以情感为钥匙，深入探索并共鸣于对方的内心世界，编织出一段深刻且长久的纽带。我们用心去感受对方的情感波动，真诚地回应他们的每一份期待，如此一来，我们的言语与行动便如同温暖的阳光，悄然渗透进对方的心房，轻轻触碰那最为柔软的角落。

要达成这一目标，倾听与观察就成为我们不可或缺的技能。我们不仅倾听对方字面的表达，更要用心去捕捉那些未言之语；我们不仅观察他们的外在举止，更要深入剖析其背后的情感诉求与需求。通过这样的细致入微，我们才能够更准确地把握对方的心路历程，从而以最适合的方式触动他们的心弦。

公元前630年，晋国与秦国联军逼近郑国，郑国面临覆灭危机，因其国力弱小，难以抵御两大强国的夹击。晋国此番行动，缘于其国君晋文公重耳早年流亡时，曾在郑国遭受冷遇。

面对绝境，郑国官员提议派遣烛之武前往秦军营中，尝试说服秦穆公撤军。郑文公采纳此计，秘密将烛之武送至秦营。烛之武面见秦穆公，直言不讳地分析道："大王，若您与晋国一同灭郑，郑国虽亡，但治理其地绝非易事，且最终可能落入晋国之手，届时秦国将一无所获，反助晋国壮大。反之，若您放过郑国，郑国愿作为秦使往来的友好接待国，这对秦国亦无损害。再者，回顾往昔，秦国曾助晋惠公，却未得应允之地，反遭晋国背信弃义。若郑国再失，晋国向西扩张之路将畅通无阻，届时秦国亦将面临威胁。因此，与晋国共伐郑国，实为不利于秦之举。"

秦穆公为烛之武的言辞所动，认为其分析透彻，遂决定撤军，并派遣将领驻守郑国以防范晋国进攻，随后率军返回秦国。

烛之武之所以能成功说服秦穆公，关键在于他精准把握了秦国的利益关切，从秦国的角度出发，明确指出了攻打郑国的不利后果，并提出了对秦国有益的替代方案，同时利用历史事例警示秦穆公警惕晋国的潜在威胁。

公元前 265 年，赵惠文王去世，其子孝成王年幼继位，由太后暂时执政。秦国趁机发难，连续攻占赵国 3 座城市，赵国陷入紧急状态。在此关键时刻，联合齐国共同抵御秦国成为赵国唯一的出路。

赵国紧急向齐国求援，但齐国提出了苛刻的条件：要求赵国派遣长安君为人质，才肯出兵相助。赵太后听后坚决反对，朝中大臣虽轮番劝谏，均被太后严词拒绝，并放话称："谁再提让长安君当人质，我就朝他脸上吐唾沫！"

左师触龙得知此事后，主动请求面见太后。太后心中不悦，但仍让触龙入宫。触龙步入宫内，缓缓走向太后，行礼后歉意地说："老臣腿脚不便，已经走不快了，很久没来探望太后，请您原谅。但我心里一直挂念着您的身体，怕您有什么不适，所以特地来看看。"

太后叹了口气，说："我现在行动都得靠手推车，哪里还能像以前那样。"触龙关切地问："那您的饮食还好吧？"太后摇摇头："只能喝点儿稀粥，没什么胃口。”触龙便以自己通过散步改善食欲为例，试图与太后拉近距离。太后听后，虽然表示自己做不到，但脸色已稍有缓和。

触龙趁机话锋一转，说起了自己的小儿子舒祺：“老臣有个不成器的儿子，年纪最小，我老了，就格外疼爱他。想让他进宫当个侍卫，好歹能离您近点儿，也好有个照应。我知道这是冒昧的请求，但还是斗胆来跟您说了。”太后听后，问舒祺多大了，触龙答15岁。太后笑着说：“做父亲的果然疼爱小儿子啊。”触龙趁机回应：“其实，做母亲的疼爱小儿子更甚。”太后点头称是，笑道：“我们女人啊，就是容易偏爱小儿子。”

触龙顺势说：“但在我看来，太后您疼爱女儿燕后，其实比疼爱长安君更多。”太后连忙否认：“你错了，我对长安君的爱更深。”触龙便耐心解释：“父母爱子女，应当为他们做长远打算。您送燕后出嫁时，哭得多么伤心，那是因为您想到了她远嫁的不易。但您后来每逢祭祀都为她祈福，希望她在燕国能安稳生活，代代相传为王。这不就是为她的长远考虑吗？”太后点头称是。

触龙接着问：“您想想看，赵国历史上那些被封侯的君王子孙，现在还有几个能继承爵位的？”太后摇头表示没有。触龙又说：“不只是赵国，其他诸侯国也一样。那些子孙后代之所以衰败，就是因为他们只凭血统享高位，却没有实际功绩。现在您给长安君这么高的地位，这么好的封地，还给了他那么多珍宝，却从没想过让他为国家做点儿什么。将来您不在了，长安君在赵国怎么立足呢？”

太后听后沉默不语，似乎被触龙的话触动了。触龙见状，继续劝说：“所以我觉得，您为长安君考虑得太短浅了。如果您真的爱他，就应该让他去历练一番，为国家作出贡献。这样他才能真正地自立。”

太后终于被说服了，她叹了口气说：“好吧，就按你说的办。长安君的事，就交给你了。”于是，赵国为长安君准备了车马百乘，送他前往齐国为质。齐国见赵国诚意满满，便出兵相助，共同抵御秦国的进攻。

触龙之所以能成功劝谏赵太后，关键在于他深刻理解并精准把握了太后的内心关切——确保长安君的长远未来。他没有直接对抗太后的意愿，而是巧妙地站在太后的角度，阐述了让长安君承担国家重任、积累政治资本的重要性。这一策略深深触动了赵太后，使她认识到，通过让长安君担任人质这一举动，实际上是在为他的未来铺设道路，让他在赵国的政治舞台上获得认可与地位。

在商业谈判中同样具有深刻的启示意义。在商业世界里，谈判的胜负并不完全取决于双方资源或优势的对比，更在于是否能精准洞察并满足对方的内在需求。真正的高手，往往能够设身处地为对方着想，通过站在对方的角度思考问题，找到双方利益的共同点与平衡点。这样的谈判策略，不仅能够化解对立情绪，还能有效增强对方的信任与合作意愿，从而在谈判中化被动为主动，赢得最终的胜利。

谋略智慧

立场是沟通与交流的基石，当我们能够设身处地地从对方视角审视问题时，对方会感受到被深刻理解与真诚关怀，从而更容易接受我们的观点。这种以对方为中心的沟通策略，实质上是一种高效的说服技巧。

要实现这一策略的有效性，关键在于深入了解对方的需求与关切。只有当我们真正洞悉了对方的立场与期望，才能精准地站在他们的角度，构建出既符合对方利益又能促进自身目标的论述。这样的沟通方式，既体现了对他人的尊重与理解，也有效增强了说服力，使得对话双方更容易达成共识。

第十一章 以和为贵，做对手不做敌人

给他人撑伞，就是为自己铺路

在人生的旅途中，我们不可避免地会遭遇风雨，但同样也能迎来雨过天晴的明媚。想象一个暴雨倾盆的夜晚，你手持雨伞，独自踏上归途，偶遇一位同样在风雨中疾行的旅人，他未带伞具，身影显得尤为孤单。此时，若你慷慨地分享你的伞下空间，两人并肩前行，不仅为对方遮挡了风雨，也为自己找到了一份温暖与力量。

给他人撑伞，其实是在为未来的道路铺设坚实的基石。帮助他人，就像是在自己前行的路上播撒善意的种子，这些种子终将在某个不经意的时刻开花结果，回馈以意想不到的机遇与帮助。正如那句老话所说，“赠人玫瑰，手有余香”，给别人打伞，其实也是在为自己铺就一条更加宽广、平坦的人生之路。

在人生的战场上，孤军奋战往往难以持久。即便个体的力量再强大，也总有其局限性。正如孤独的狮子面对狼群，即使勇猛无双，也难以抵挡集体的力量。因此，学会与他人结伴而行，不仅是为了分担旅途中的风雨，更是为了汇聚智慧与力量，共同抵御未知的挑战与风险。

胡雪岩作为一位广为人知的商业巨擘，其成功背后蕴含着诸多因素。

某日，一位商人在商海中遭遇重创，急需巨额资金以解燃眉之急。他无奈之下，决定低价抛售名下产业，以求迅速回笼资金。闻讯后，胡雪岩非但没有乘人之危，反而迅速调集资金，以公平合理的市场价格收购了这位商人的产业。此举令对方既惊讶又感动，不解胡雪岩为何放弃唾手可得的利益。

面对手下的疑惑，胡雪岩解释道，他此举并非出于商业算计，而是出于对人性的尊重与同情。他回忆起自己年轻时的一段经历：那时，他还只是店铺中的一名小伙计，负责催收债务。一次雨天，他偶遇一位被雨淋湿的陌生人，便毫不犹豫地伸出援手，与之共伞避雨。此后，他养成了雨天为陌生人打伞的习惯，渐渐在这条路上赢得了人们的尊敬与感激。每当他自己忘记带伞时，总有人愿意为他撑伞，这份来自陌生人的温暖与帮助，让他深刻体会到“赠人玫瑰，手有余香”的道理。

胡雪岩进一步阐述道，商人的产业可能是几代人辛勤积累的成果，若自己趁机压价收购，无异于断了对方的生路。在他看来，这不仅是对他人困境的冷漠，更是对自己良心的背叛。因此，他选择以市场价收购，既是对商人的尊重，也是对自己良知的坚守。他相信，人与人之间的互助与理解，是构建和谐社会的重要基石。

最终，那位商人成功渡过了难关，并前来赎回了自己的产业。胡雪岩的义举不仅赢得了商人的感激与信任，更为他赢得了一位忠实的合作伙伴。此事迅速传开，官府与百姓无不对胡雪岩的品德表示尊敬与赞叹。

胡雪岩的生意也因此更加兴隆，无论涉足哪个行业，都能得到广泛的帮助与支持，客户络绎不绝，成就了一段商业传奇。

120 余年前的英国亚尔郡郊外，一位生活拮据的农夫正辛勤劳作于田间，突闻远处传来急促的呼救声。循声望去，只见一名少年不慎落入一处污浊的水坑中，生命危在旦夕。面对这突如其来的险情，农夫没有丝毫犹豫，毅然决然地跃入水中，以无畏之姿展开救援。经过一番努力，少年终得脱险。

事后揭晓，获救的少年竟是当地一位显赫贵族的子嗣。数日后，贵族父亲满怀感激之情，亲自携带厚礼造访农夫家中，欲以重金酬谢。然而，农夫却婉拒了这份厚重的礼物，他坚信，那日之举纯属人性本善的驱使，与对方的身份地位无关，更不应成为索取回报的理由。

贵族被农夫的淳朴与高尚深深打动，心生敬意之余，决定以另一种方式回馈这份恩情——资助农夫之子前往伦敦接受高等教育。对于世代务农的农夫而言，这无疑是为孩子铺设了一条通往广阔世界的道路，一个改变命运的机会。农夫欣然接受，心中满是对未来的憧憬与喜悦。

岁月流转，农夫之子不负众望，在伦敦圣玛丽医学院以优异的成绩毕业，并凭借其在医学领域的杰出贡献，荣获了 1945 年诺贝尔生理学或医学奖，他就是青霉素的发现者——亚历山大·弗莱明爵士。而那位曾被救起的贵族少年，也已成长为英国政坛的领袖人物，即二战时期著名的首相温斯顿·丘吉尔。

事情到此并未结束，在战争的硝烟中，丘吉尔不幸罹患重症肺炎，正是得益于弗莱明发现的青霉素，才得以迅速康复，继续领导国家走向胜利。

这段跨越阶层的善行与回馈，不仅改变了两个人的命运，更在历史的长河中留下了深刻的印记。它生动地诠释了“给他人撑伞，就是为自己铺路”的哲理：在人生的旅途中，我们对他人的帮助与关爱，往往会以意想不到的方式回馈于自身，甚至惠及后代与社会。因此，无论何时何地，保持一颗善良与感恩的心，都是通往幸福与成功的重要途径。

谋略智慧

我们为他人遮风挡雨之际，实则也在播种友情与信任的根基。这些根基随着时间的推移逐渐茁壮，绽放出绚丽的花朵。未来若我们遭遇困境，这些花朵将化身为桥梁，促进人与人之间的互助与连接，使我们不再孤立无援。

敞开胸怀，得饶人处且饶人

日常交往里，别人有点儿小失误或偶尔犯错很正常。这时候，我们得记得“别太计较，能放过就放过”的老话，用宽容的态度去看待。宽容是个好东西，能让我们心里舒坦，也是对别人的一种善意和尊重。它就像春天的暖风细雨，让犯错的人感受到温暖和动力，自己就能想明白错哪儿了，然后改正过来，重新走上正道。

需要注意的是，得饶人处且饶人，不是无原则的纵容，而是基于深刻理解与相互尊重之上，赋予对方一次改过自新的机会。我们应以智慧之眼洞察，既不失宽容之胸怀，亦需保持清醒之头脑，明确指陈错误，并温柔地引导其正视错误，积极采取措施加以纠正。

汉朝早期，有位大臣名叫袁盎，他曾任吴国相国，声望很高。后来，汉景帝继位，听了晁错的建议，想要减少诸侯王的权力，结果不小心引发了七国之间的叛乱。新皇帝刚上位就遇到这么大的事，心里非常担心害怕。

这时候，袁盎站了出来，他告诉汉景帝，那些诸侯都是刘家的亲人，他们可能并不是真心想造反。袁盎建议，如果皇帝能牺牲晁错，他愿意去吴国谈判，可能就能平息这场叛乱。汉景帝虽然很舍不得，但还是同意了，处死了晁错，并派袁盎去吴国做使者，希望能和平解决。

但袁盎到吴国的时候，叛乱已经很大了，不是简单处理一个人就能解决的。吴王不仅没消气，还想让袁盎加入他们。可袁盎坚决不同意，他说自己是汉朝的臣子，不能背叛皇帝。

吴王非常生气，就派了500个士兵把袁盎住的地方围了起来，打算杀了他。袁盎一个人面对这么多敌人，看起来很难逃脱。但让人没想到的是，带兵的将领竟然是袁盎以前的手下，他以前和袁盎家的一个女仆相好，还私奔了。袁盎知道后，没有惩罚他们，反而还送了女仆给他做妻子，成全了他们。

这个将领一直记着袁盎的好，当他得知要杀的人是袁盎时，就决定帮他。他拿出自己的钱去贿赂守门的士兵，然后带着袁盎冲了出去，成功逃出了吴国的包围圈。袁盎因为自己的宽容，在绝境中得到了别人的帮助，保住了性命。给别人留一条出路，也是给自己留一条活路。

邴吉，字少卿，为汉宣帝时期之丞相，其人深沉持重，行事低调，不轻易炫耀功绩与善意。身为高官，他尤为擅长体谅下属之过，并善于发掘并弘扬其优点。

有一天，邴吉的车夫因贪杯不慎，于车内呕吐，主管欲严惩，将其解雇。然邴吉却力排众议，言：“人非完人，岂能无过？因一醉而失其业，何其残忍？且事非重大，不过车席之污，何足挂齿？”于是，车夫得以保留职位。

这个车夫是从边疆来的，对那边的事情特别清楚。有一天，他听说匈奴在云中、代郡那边捣乱，就赶紧告诉了邴吉。后来皇帝问起边疆的情况，邴吉回答得特别顺溜，但御史大夫因为不知道这些情况被皇帝批评了。皇帝夸邴吉心里装着国家大事，其实这都是车夫的功劳。邴吉感慨地说：“每个人都有自己的长处，要不是我以前对人有耐心、不计较，哪能得到这么重要的消息呢？”

如果邴吉没有宽容的心，因为一点儿小事就把车夫开除了，那他可能不仅得不到皇帝的赏识，反而会像御史大夫那样被皇帝批评。所以，在和人打交道的时候，要多点儿宽容，少计较点儿小事。

当我们看到别人犯了小错，甚至是大错时，如果能选择原谅他们，他们心里肯定会感激我们。将来，他们可能会用自己的长处来帮助我们，回报我们的宽容。特别是那些被我们宽恕过的人，他们可能会更加感激，愿意全心全意地帮助我们，来报答我们曾经给过他们的恩情。

反过来，那些老是对别人的小错误念念不忘，不肯原谅的人，真的是太不明智了。他们这样不仅不会让别人喜欢他们，失去朋友和尊重，等到自己遇到困难的时候，也可能没人愿意帮他们。所以说，宽容和原谅别人，不仅是胸怀大度，更是一种高级的谋略。

谋略智慧

当下属犯错或是遭受中伤时，持续报复或惩罚往往会加剧对方的反感与敌意，致矛盾升级，双方俱损。反之，宽容以待则能有效缓和冲突，避免恶性循环。面对仇恨，若一味寻求报复，只会加深裂痕；而适时展现宽容，或能赢得对方感激。但是也需要警惕“农夫与蛇”的教训，识别善恶至关重要。在明晰善恶界限后，最佳策略是既展现宽容，又通过智慧与德行让对方心悦诚服，而非简单放过，以免养虎为患。

不战而屈人之兵，才是大手笔

“不战而屈人之兵”这句话，最早见于《孙子兵法》中的《谋攻》篇。它的本义是说，通过巧妙的策略和智慧，让敌人的军队还没开打就失去了战斗力，这样我们就能轻松取得胜利，达到最好的效果。现在，这句话常被用来形容不用真的动刀动枪，就能让敌人认输，自己赢得胜利的情况。

孙子还进一步解释说，虽然每次打仗都能赢，这已经很厉害了，但还不是最厉害的。最厉害的是，在打仗之前，就通过各种手段让敌人自己先乱了阵脚，根本没办法反抗，这样还没开打，我们就已经胜券在握了。

在职场与商场上，每个人都置身于激烈的竞争之中，面对来自四面八方的挑战者与对手。要实现“不战而屈人之兵”的境界，关键在于通过提升自我实力与智慧策略，让对方在心理上产生敬畏，从而主动退让，避免直接的冲突与对抗。

1988年，陈律师在律所一楼的值班室，此时正接待焦急的福建人林先生。林先生声称自己遭遇了诈骗，被骗走了36万元巨款，而骗子正是他们老家的一位李姓人士。陈律师深知这笔钱的分量，在那个年代，它足以让任何人心生震撼。他决心要帮助林先生，揭开这场骗局。

林先生详细向陈律师讲述了李姓骗子的狡诈手段：利用国家对棉花的严格管控政策，编造谎言说自己有能力将棉花跨省运输；又通过精心设计的“实地考察”，让林先生误以为他拥有大量可供出售的棉花。最终，林先生落入了骗子的陷阱，支付了巨额款项却一无所获。

听完林先生的叙述，陈律师迅速对案情进行了梳理和分析。他判断这是一起性质恶劣、金额巨大的诈骗案件。然而，林先生的诉求却十分明确：他只想追回被骗的款项，对追究骗子的刑事责任并不感兴趣。这为陈律师制定解决方案提供了方向。

陈律师深知李姓骗子是一个老练且狡猾的对手，要想让他主动退赃并非易事。于是，他精心策划了一场“心理战”。

陈律师利用自己在法律界的资源和人脉，将李姓骗子邀请到了法庭借用的办公室。在这里，他以律师的身份，用法律的威严对李姓骗子进行了严肃的质问和警告。他告诉对方，其行为已经触犯了法律，如果不及时退赃并改正错误，将面临严重的法律后果。此言一出，李姓骗子的脸色瞬间变得苍白，他开始为自己的行为感到惶恐不安。

然而，陈律师并没有就此罢休。他话锋一转，以同乡的身份表达了对李姓骗子的理解和同情。他表示理解对方可能是一时糊涂才走上了这条不归路，但也希望他能够迷途知返、及时止损。陈律师承诺，只要对方愿意退还赃款并承认错误，他会尽力为其争取从轻处理的机会。这些话让李姓骗子感到意外和感动，他开始动摇并考虑退赃的可能性。

但陈律师知道这还远远不够。为了彻底打消李姓骗子的侥幸心理并迫使他作出决定，他再次提高了语调并加重了语气。他警告对方如果继续执迷不悟、拒绝退赃的话，他将不得不采取法律手段将其绳之以法。这一招彻底击垮了李姓骗子的心理防线，他最终崩溃并同意退还赃款。

本案的圆满解决不仅为林先生追回了大部分损失，也彰显了陈律师的智慧和策略。他深知在法律的殿堂里，有时候“不战而屈人之兵”才是最高的境界。通过智慧与谈判解决纠纷，不仅能够维护当事人的合法权益，还能够促进社会的和谐与稳定。

春秋时期，齐国作为北方的强大国家，凭借其雄厚的实力和深远的战略眼光，在诸侯中崭露头角。而楚国，地处富饶的江南，兵强马壮，同样是中原各国不可忽视的劲敌。齐桓公，这位胸怀壮志的君主，一心想要称霸中原，统一天下，而楚国则成了他实现这一宏伟目标路上的主要障碍。

面对实力强大的楚国，齐桓公深感忧虑，他明白直接发动战争并非明智之举。于是，他向智谋过人的管仲寻求对策。管仲经过深思熟虑，提出了一个既巧妙又大胆的计策——“买鹿制楚”。

管仲敏锐地观察到，楚国山林茂密，野鹿资源极为丰富，而且楚国人热爱狩猎，对野鹿情有独钟。他决定利用这一点，通过经济手段来削弱楚国的国力，而非直接动用武力。管仲秘密派遣商队前往楚国，大量收购野鹿，并故意哄抬价格，使得野鹿在市场上变得异常珍贵，仿佛金子一般。

这一消息迅速在楚国传开，引起了巨大的轰动。楚国的百姓们被眼前的利益诱惑，纷纷放下手中的农活，涌入山林，日夜不停地捕捉野鹿，梦想着一夜之间能够暴富。不仅仅是普通百姓，就连一些贵族和官员也被这股“捕鹿热”吸引，纷纷加入捕鹿的行列中。

然而，正当楚国上下都沉浸在“捕鹿梦”的幻想中时，管仲却突然下令停止收购野鹿。与此同时，他秘密操控齐国的粮食市场，使得粮食价格急剧上涨。楚国的百姓们这才恍然大悟，自己竟然落入了管仲精心设计的陷阱之中。由于长时间荒废农田，楚国的粮食储备几乎耗尽，百姓们不得不以高昂的价格从齐国购买粮食，生活陷入了极度的困境。

更为严重的是，楚国的军队也受到了严重的冲击。由于大量士兵离开军营去参与捕鹿活动，军队的战斗力大幅下降，士气低落。此时，如果齐国发动进攻，楚国将毫无还手之力。但是，齐桓公并没有选择立即动武，而是利用这一有利时机，向楚国提出了和谈的条件。面对内忧外患的严峻形势，楚王不得不接受了齐国的和谈条件，选择了向齐国臣服。

管仲所采取的“不战而屈人之兵”的策略，正是其智慧与谋略的集中体现。他通过经济手段而非直接的军事冲突，实现了对强大对手的有效控制，这种高明的策略不仅减少了战争带来的破坏与伤亡，更彰显了智慧在解决复杂问题中的巨大力量。

谋略智慧

在处理事务或面对竞争对手时，真正的胜利之道并不是只能依靠蛮力硬碰硬。即使你勉强通过争斗取得胜利，自己也会面临风险，甚至付出不小的代价。相反，运用你的社交智慧、建立个人威信，并巧妙结合有利的环境条件（天时、地利、人和），共同策划出策略，让对手自然而然地臣服于你，这才是真正的智慧所在。这样的方法不仅能更有效地达到目的，还能避免不必要的损失和冲突。

第十二章 识人用人，栽培良将才能成就大业

恩威并施，容得下人，才能驭得了人

“恩威并施”是什么意思呢？简单来说，就是一边用好处鼓励人，一边用规矩管着人，两者都得有。这样做的好处是，领导既能显得有威严，又能跟团队成员关系好，让团队更团结。

要知道，光奖励或者光惩罚都是不行的，得把两者都用好了才行。如果有人犯错得受罚，那罚得应公平合理，别冤枉人。批评的时候也别太狠，让人知道错就足够。

不过，罚完了还得关心对方。私下里聊聊，给对方机会说清楚、改错误，这样才是尊重人，也是聪明的管法。这么一来，误会就消了，信任又回来了，大家就会觉得你是真心帮忙，不只是为了惩罚立威。只有这样，大家才会真心佩服你，团队也就更和谐、更有干劲了。

根据《唐史》的记载，当初从刘武周那边投降过来的将领中，不少人都偷偷跑回去了，这让大伙儿开始怀疑尉迟敬德，结果就把他给抓了，关在军营里。

屈突通通过殷开山跟李世民讲：“尉迟敬德这家伙勇猛得很，现在把他关着，他肯定会心怀不满，留着他以后可能是个麻烦，不如干脆现在就处理掉。”

但李世民不这么想，他说：“如果尉迟敬德真想逃跑，早就跑了，何必等到现在？”于是，他下令立刻放了尉迟敬德，还亲自把他请到自己的住处，送了一堆金子给他，说：“我希望你能像个爷们儿一样，别为这点儿小事儿往心里去。我从来不信那些诬陷你的话，你应该能感受到我的诚意。你要真想走，这些金子就当是咱们共事一场的纪念。”

后来有一次，李世民只带了500人就出去查看地形，结果王世充带着10000多人马突然包围了他们。单雄信拿着长枪就冲着李世民刺过来，这时候尉迟敬德大喊一声，骑着马就冲了上去，把单雄信给打跑了。屈突通带着大军赶到后，王世充他们大败而逃，差点儿就没命了。

在用人之际，务必秉持宽严相济的原则行事。过度宽松的管理往往导致下属态度散漫，对工作任务缺乏重视与投入；而过度严苛的管理则可能引发下属的恐惧心理，使得他们因过分谨慎而错失交流机会，即便心存疑问亦不敢轻易发问。唯有在宽松与严格之间找到恰当的平衡点，方能既展现领导者的威严，又激发下属的积极性和创造力，确保团队运作高效和谐。

古代马力罗莱王国的哈雷斯将军，是个治军有方的领导者。他管理军队非常严格，甚至到了苛刻的地步。

有一天，他在军营巡视时，看到一位下级军官穿着不整齐，这不符合军队的规定。于是，哈雷斯将军立刻召集所有军官，公开严厉地批评了这位军官。这样的做法让全军都感受到了纪律的重要性，同时也让被批评的军官感到非常难堪。

但令人意外的是，第二天，哈雷斯将军却私下召见了那位军官，并且态度大变，他向军官诚恳地道歉，说自己昨天因为情绪激动，在众人面前说了些过头的话，希望军官能够原谅他。这样的举动让军官深受感动，他激动地表示以后一定会严格遵守军纪，并更加忠诚于将军。

哈雷斯将军的这种做法，其实就是恩威并施的领导艺术。他首先通过公开严厉的批评来树立自己的威严，让全军都明白纪律的重要性；然后又通过私下的道歉来化解矛盾，让被批评的军官感受到他的关心和尊重。这样的领导方式，既能让人们遵守规矩，又能赢得人们的支持和信任。

所以说，一个优秀的领导者，既要能够严格管理下属，树立威信；又要能够关心下属，体现人情味。只有这样，才能既培养出优秀的人才，又赢得人们的真心拥护。

谋略智慧

除了恩威并施，管理者应具备包容之心，接纳多样性与差异。团队成员背景各异，带来丰富的视角与创新力，但也可能引发冲突。领导者需胸怀宽广，能够容纳各种声音与观点。他们鼓励自由交流，让团队成员在尊重与理解的氛围中敢于表达，勇于尝试。这种包容不仅能增强团队的凝聚力，更能激发成员的无限潜能。

取信于人，才能走得更远

用人有一条规则，就是“疑人不用，用人不疑”。这话对领导者而言很有借鉴意义。意思是，如果你觉得某个人不靠谱，那就别给他重要任务，省得以后麻烦。反过来，要是你觉得这个人靠谱，那就得百分百相信他，放心大胆地让他去干。

在管理上，你要是不信任手下的人，工作肯定干不顺畅，团队里也会乱糟糟的，领导和下属之间还会闹别扭。所以，最聪明的办法就是：要么一开始就别用，用了就得真心实意地相信他，全力支持他。

春秋战国时期，魏文侯计划攻打中山国，召集大臣商议并寻求合适将领。其中，乐羊因文武双全被推荐，但因其子在中山国担任要职，引发大臣担忧其可能会因私情影响战事。魏文侯经过深入调查，得知乐羊曾拒绝儿子推荐其赴中山任职，并劝子离开昏君，这展现了他的忠诚与原则。于是，魏文侯力排众议，任命乐羊为将。

乐羊领兵至中山国都，采取围而不攻的策略，时间一长，国内舆论四起，大臣们纷纷上书魏文侯质疑乐羊。然而，魏文侯不为所动，反而继续支持乐羊，提供物资补给。最终，乐羊成功攻下中山国都。

庆功宴上，魏文侯赠予乐羊一只箱子，并嘱其回家后再开。乐羊打开后发现，箱内竟是攻打中山期间，群臣对他的诽谤奏章。这一幕让乐羊深感魏文侯的信任与明智。

试想，若魏文侯当初轻信群臣之言，中途对乐羊产生怀疑并采取行动，后果将不堪设想。乐羊可能因受冤屈而失去斗志，甚至可能反叛；魏国也可能因此错失良将，导致攻打中山的计划失败，国家蒙受损失。因此，魏文侯的明智决策和坚定信任，不仅成就了乐羊的功勋，也确保了魏国的胜利。

管理者如果想要达到“用人以信、用人不疑”的姿态，这不仅需要领导者为人才构建宽广的才华展示舞台，更要求其在流言蜚语、众议纷扰之际，保持内心的坚定与清醒，不为外界所动。在困境与挑战面前，领导者应挺身而出，与团队成员并肩站立，共同承担风雨，共享胜利的喜悦与挫败的苦涩。

魏文侯魏斯，是晋国被韩、赵、魏三家分掉后，带头跟赵烈侯、韩景侯去找周天子正式承认他们诸侯身份的大夫。通过周天子的册封，他们三个成为正式的诸侯，在三国中，魏文侯是“三人小组”的老大。为什么其他两国能信服他呢？主要是魏文侯言出必行，能够取信于人。

有一回，魏文侯跟管山林打猎的小官约好了去打猎。结果那天魏文侯跟一大帮官员吃吃喝喝，唱歌跳舞，玩得正在兴头，外面还下着大雨。眼瞅着约定打猎的时间快到了，魏文侯突然站起来，说要出去一趟。旁边的人就纳闷了：“这么大的雨，您还往外跑啥啊？”魏文侯说：“我跟人约好打猎了，不能因为自己玩得开心就爽约啊！”说完，他就穿上雨衣，带着人马，冒雨去山林里了。

那个小官本来以为雨这么大，魏文侯肯定不来了，结果人家准时到了，把他感动得不行。魏文侯连这样一个小约定都守，让韩、赵两国的国君都对他竖起了大拇指。

三家分晋以后，他们的地界分得相互交叉，你中有我，我中有你。每个国家都想把自己的地盘连成一片，这样一来，大家心里就都有了小九九，关系也就不那么铁了。

赵国那时候还没正式被周天子承认是诸侯国，名义上还是晋国的大夫。赵国的国君就偷偷派了个使者去找魏文侯，想拉魏国一起把韩国给灭了，然后把韩国的地给分了。结果魏文侯一听，直接摇头说不干，他告诉使者："韩国跟我们是兄弟国家，哪有兄弟相残的道理？"

没过多久，韩国也派使者来了，目的跟赵国一样。魏文侯还是那句话："赵国也是我们的兄弟，不能打。"这下子，韩、赵两国都知道了魏文侯的为人。

魏文侯见大家心里有疙瘩，就主动站出来，跟韩、赵两国的国君说起了掏心窝子的话。他说："你们看啊，赵国现在是最强的，但它要是想灭我们韩、魏中的一个，那我们肯定得联合起来对付它。反过来，如果赵国想耍花招，一个一个地收拾我们，那我们也得小心。韩国和魏国如果联手，虽然力量上能和赵国差不多，但真要打起来，那就是伤敌一千自损八百，谁也别想好过。就算真的把赵国给灭了，韩国和魏国自己也得打得头破血流，最后还得为了分地盘再斗个你死我活。"

魏文侯继续说："咱们别窝里斗了，这样只会让外人看笑话。咱们应该团结起来，一致对外，一起开疆拓土！"

魏文侯这么一说，韩、赵两国都觉得有道理，纷纷点头表示赞同。于是，三国之间的猜疑和争斗就少了，大家开始齐心协力，一起朝着外面的世界进发，寻找新的发展机遇。

无论是人际交往还是国际交往，均应以真诚为本，摒弃无端猜疑与暗中算计，方能营造和谐氛围，促进共同发展。魏文侯以诚信立国，深得韩、赵两国之敬仰与信赖，从而稳固了其战略地位。

在日常生活中，诚信更是行事之基。作为员工，应对领导及同事秉持诚实之态，言行一致，避免虚妄不实；而作为领导者，则应秉持诚信之心，真诚对待每一位员工，给予充分信任，避免无端猜忌。唯有如此，方能凝聚团队之力，激发团队潜能，使事业蒸蒸日上，充满无限可能。

谋略智慧

管理者需要注意的是，信任构建不应仅基于道德或忠诚之上。它应建立在合理对价与承担后果的能力上，确保坚实可靠。信任非空谈理想，而应融入现实，平衡金钱、权力等要素，既务实又接地气。构建可持续信任体系，需融合理想与现实，既追求高远情怀，又关注实际利益与责任。只有这样，信任才能根深叶茂，抵御风雨，成为稳固关系的基石。

上下同欲者胜，同舟共济者赢

所谓“上下同欲者胜，同舟共济者赢”，这句话主要揭示了团队合作与共同目标的重要性。它首先强调的是“上下同欲”，意指在一个组织或团队中，无论是上级还是下级，都能心怀共同的愿景和目标，齐心协力地为之奋斗。当团队成员的心往一处想，劲往一处使时，便能汇聚成不可阻挡的力量，克服一切困难，最终到达成功的彼岸。这种团结一心、众志成城的精神，是任何组织和个人在追求成功过程中不可或缺的宝贵财富。

“同舟共济者赢”则进一步阐述了在面临挑战和困境时，团队成员之间应相互扶持、共同进退的道理。就像同乘一艘船，在风浪中前行，只有每个人都全力以赴，共同划桨，才能确保船只平稳航行，最终安全抵达目的地。这种在逆境中相互依靠、共同奋斗的精神，不仅加深了团队成员之间的信任和默契，也为团队的长远发展奠定了坚实的基础。

李毅，一个刚刚大学毕业的年轻人，初出茅庐时选择加入了一家规模不大的计算机配件制造公司。这家公司仅有 30 名员工，而他的老板，张勇，一个仅比他大 3 岁的年轻创业者，正引领着这家公司前行。

入职仅 3 个月，公司便迎来了一次前所未有的机遇——为某知名计算机品牌生产 50 万张硬盘的订单。这对小公司而言，无疑是巨大的挑战与转机，全公司上下为此倾尽所有，将全部资源投入项目中。

令人惋惜的是，市场如战场，风云突变。由于技术瓶颈与管理疏漏，这批硬盘出现了严重的质量问题，惨遭退货。这一打击让公司瞬间陷入困境，不仅未能盈利，反而背负上了沉重的债务，银行催债不断，公司运营举步维艰，连缴纳基本的水电费都成了难题。

面对困境，张勇竭尽全力筹集资金，首先确保了员工的工资发放。在会上，他坦诚相告公司的艰难处境，许多员工听后纷纷选择离职，更有部分员工要求赔偿，包括那些曾誓言与公司共进退的人。张勇虽感痛心，但仍一一满足了他们的要求。

当办公室逐渐空旷，张勇几乎以为只剩自己孤军奋战时，他意外地发现李毅仍在默默工作。这位平日里低调寡言的员工，用行动诠释了忠诚与坚持。张勇深受触动，主动提出给予李毅双倍赔偿，但李毅却淡然拒绝，表示愿意与公司共渡难关。

“公司还在，我就有责任留下。”李毅的话语坚定而朴实。他不仅拒绝了赔偿，还主动拿出自己的积蓄支持张勇。两人携手，变卖了公司剩余资产，转而从事软件寄销业务，凭借小投入快周转的策略，公司逐渐走出低谷，半年后实现盈利，一年后更是扭亏为盈，业绩飙升至上千万美元。

在一个悠闲的午后，李毅与张勇在咖啡馆相聚。张勇满怀感激地说：“在最艰难的时刻，是你给了我力量。现在，是时候让你成为公司的真正主人了。”说着，他递上了总裁聘书和股权证明书。李毅的忠诚与付出得到了最丰厚的回报。

尽管公司历经波折后仅余少数员工，但这群精英已将公司视为共同航行的船只——一艘承载着他们梦想与责任的“自我之舟”。他们深知，唯有将心比心，视公司为家，方能激发出最大的潜能，以主动、高效、满腔热情的态度，投入每一项任务，精心雕琢，让这艘船在商海中乘风破浪，稳健前行。

在这艘船上，上司不再是简单的领导者，同事也不再是简单的合作者，而是并肩作战的伙伴，共同面对风浪，共享成功的喜悦。他们明白，只有每个人都全力以赴，尽职尽责，这艘船才能乘风破浪，驶向更广阔的天地。

作为管理者，其智慧在于如何构建这样一种紧密无间的团队文化，让员工与公司、与管理者之间形成牢不可破的纽带，如同船与水手，同呼吸、共命运。这意味着，不仅要激发员工的潜能，鼓励他们为船贡献全部力量，更要培养一种保护意识，让每位员工都以保护这艘船为己任，不让任何一个疏忽导致航程受阻。

因此，在这个团队中，每个人都是守护者的角色，他们用心维护着这艘船的稳定与安全，确保它能够穿越风雨，抵达心中的彼岸。这样的团队精神，正是推动企业不断前行、实现跨越式发展的不竭动力。

谋略智慧

“团结一致”，这句话很多企业都挂在嘴边，但说起来容易做起来难，很多时候它就只是墙上的标语。问题出在哪儿呢？真正的齐心，不是平时日子好过时的和和气气，而是遇到困难、生死关头时，大家能相互信任，一起使劲。这就是光说“要齐心”和真正“齐心”的差别。

作为管理者，想让团队从“说要齐心”变成“真的齐心”，不是靠说些煽情的话，喊些响亮的口号就行的。关键是要找到大家伙儿都想要的，也就是团队里每个人的利益共同点。

宽严有度，
慈不掌兵，义不掌财

所谓“慈不掌兵”，原指在军事指挥中，过度的仁慈可能会成为限制因素。战争是残酷的，战场上经常需要迅速做出关乎生死的决定。在古代冷兵器时代，由于战争频繁，将领如果因慈悲而犹豫不决，便难以适应战场的残酷性和不确定性，这可能会严重影响战场形势，使军队面临危险。

同样，在现代社会，企业过度宽松的管理环境可能会导致员工懈怠、效率低下，甚至滋生腐败和不正之风，影响企业的整体竞争力。而过于严苛的管理则可能抑制员工的创新思维，降低工作满意度，最终导致人才流失。

因此，企业领导者应当像优秀的将领那样，既要有“猛将必发于卒伍”的意识，深刻理解市场环境的复杂多变，又要在管理中融入人性化的关怀，让员工感受到企业的温暖和支持。

春秋末年，孙武以其深邃的兵法造诣闻名遐迩。吴王阖闾，在贤臣伍子胥的辅佐下登基，雄心勃勃地筹划着对楚国的征伐。然而，面对如此重任，吴王心中却忧虑吴国将领的能力。

伍子胥洞察君心，适时进言："大王所忧，莫非吴国无良将可遣？臣有一人，可担此大任。"吴王阖闾闻言，眼中闪过一丝期待："相国欲荐何人？此人有何过人之处？"

伍子胥答道："此人名孙武，深谙兵法，擅长谋略，领兵布阵皆游刃有余。若得此人相助，吴国霸业可期。"

吴王听后，大悦，急令伍子胥速速将孙武请来。伍子胥不负所托，携重礼亲访孙武，终得孙武应允，出山辅佐吴王。

孙武面见吴王，英姿勃发，谈吐不凡。吴王试探性地问道："闻先生兵法精妙，能否在此为寡人小试牛刀？"

孙武慨然应允："臣愿献丑。"

吴王环顾四周，见宫女众多，遂笑道："不妨以这些宫女为兵，看先生如何训练？"

孙武点头应允，并承诺："若训练不成，愿受大王责罚。"

吴王遂挑选百名宫女，交由孙武指挥。孙武将宫女分为两队，并指定两名宫女担任队长。面对这群习惯了嬉笑打闹的宫女，孙武首先严肃地阐述了训练的重要性与纪律的严明性。

然而，初次训练时，宫女们并未将此事当真，口令一出，哄笑连连，场面失控。吴王在一旁，虽未言语，但心中已对孙武的能力产生了怀疑。

见此情景，孙武面色一沉，声音洪亮："此乃军营，非儿戏之地；尔等既为兵，便须遵令行事。队长带头违抗，军法不容！"言罢，便欲按军法处置两名队长。

吴王见状，大惊失色，急欲阻止。但孙武坚持："法不阿贵，王子犯法与庶民同罪。军令如山，不可更改。"最终，两名队长被斩首示众。

随后，孙武再次发令，宫女们再无丝毫懈怠，步伐整齐，动作有力，仿佛真的变成了一支训练有素的军队。吴王目睹此景，对孙武的才能与魄力赞叹不已，深知此人必能助他成就霸业。

孙武之所以能将一群宫女训练得如同军人般整齐划一，关键在于他秉持着极高的严格标准，且言出必行。这种态度不仅树立了权威，使众人敬畏并服从其指挥，而且确保了训练的高效与成果显著。事实证明，成为一名优秀的管理者确属不易，其精髓在于“稳、准、狠”的管理策略，同时深刻铭记“慈不掌兵”的意义。作为领导者，必须建立一种既让员工敬畏又让员工尊敬的氛围，这样他们才会自觉且高效地执行分配的任务。

若领导者对员工过于宽容，长此以往，员工的敬畏之心可能逐渐淡化，对于任务的执行力也将大打折扣。此现象往往反映出领导能力的不足。因此，在管理过程中，过度的松散与纵容是万万不可取的，必须维护严格的纪律，确保团队的高效运作与目标的顺利实现。

谋略智慧

具体而言，管理者可以通过建立公平合理的激励机制、提供持续的职业发展机会、营造开放包容的企业文化等方式，来增强员工的归属感和忠诚度。同时，通过制定明确的规章制度、加强内部管理、提高执行效率等手段，来确保企业的运营顺畅和稳健发展。这种“宽严适度”的管理模式，不仅能够提升企业的核心竞争力，还能够在激烈的市场竞争中赢得员工的信任和支持，共同推动企业走向成功。